Dieter Goose

Die urheberrechtliche Beurteilung von elektronischen und Mikrofilm-Datenbanken

Schriftenreihe der UFITA Heft 53

Archiv für Urheber-, Film-, Funk- und Theaterrecht

Herausgegeben von Dr. jur. Georg Roeber, München

Die urheberrechtliche Beurteilung von elektronischen und Mikrofilm-Datenbanken

Von

Dr. jur. Dieter Goose
Düsseldorf

1975

J. Schweitzer Verlag · Berlin

D 6

CIP-Kurztitelaufnahme der Deutschen Bibliothek

Goose, Dieter
Die urheberrechtliche Beurteilung von elektronischen und Mikrofilm-Datenbanken.
(Schriftenreihe der UFITA; H. 53)
ISBN 3-8059-0650-1

Satz und Druck: Georg Wagner, Nördlingen; Buchbinder: Wübben, Berlin.

Vorwort

Die vorliegende Arbeit beschränkt sich auf das geltende deutsche Urheberrecht. Sie wurde im Frühjahr 1974 abgeschlossen und hat im Sommersemester 1974 dem Fachbereich Rechtswissenschaft der Westfälischen Wilhelms-Universität in Münster als Dissertation vorgelegen. Die Universität hat die Arbeit mit einem Preis ausgezeichnet und einen Druckkostenzuschuß gezahlt. Für beides danke ich auch an dieser Stelle.
Ich widme die Untersuchung Herrn Professor Dr. *Harry Westermann*, dem ich die wesentlichen Anregungen in meiner juristischen Ausbildung verdanke, und Herrn Professor Dr. *Werner Knopp*, der meine Arbeiten stets gefördert und meinen Kollegen und mir an seinem Institut in Münster die gemeinschaftliche Beschäftigung mit Fragen der Datenverarbeitung in Forschung und Lehre ermöglicht hat.

Düsseldorf, April 1975 Dieter Goose

Inhaltsübersicht

Schrifttumsverzeichnis

Werke, die sich speziell mit der urheberrechtlichen Problematik der Speicherung und Wiedergewinnung von Werken in Datenbanken befassen, sind durch * gekennzeichnet.

Ahrens, Friedhelm und Walter, Helmut, Datenbanksysteme, Berlin, New York 1971

Anderla, Die Zukunft der automatischen Informationssysteme, Eurospectra 1973 S. 47 ff.

Arntz, Helmut, Bestehende und geplante Informationssysteme im Ausland und in den internationalen und supranationalen Organisationen, in: Das Informationsbankensystem, Band II, S. 53 ff.

ders., Die Zukunft des wissenschaftlichen Buches, in: Das wissenschaftliche Buch, herausgegeben von Peter Meyer-Dohm, Hamburg 1969, S. 137 ff.

Balke, Siegfried, Bemerkungen zum OECD-Dokument „Information für eine Gesellschaft im Wandel", in: Das Informationsbankensystem, Band II, S. 363 ff.

Barker, Ronald E., Photocopying Practices in the United Kingdom, London 1970

Bauer-Bernet, Hélène, Rechtsdokumentation. Zur elektronischen Verarbeitung juristischer Texte im nationalen und internationalen Bereich, Band 2 der Reihe Kybernetik-Datenverarbeitung-Recht, herausgegeben von Spiros Simitis, Frankfurt/M. 1973

Begründung zum Entwurf eines Gesetzes über Urheberrecht und verwandte Schutzrechte (Urheberrechtsgesetz), Bundestagsdrucksache IV/270 S. 27 ff.

Beling, Gerd und Wersig, Gernot, Zur Typologie von Daten und Informationssystemen – Terminologie, Begriffe und Systematik, Gutachten angefertigt im Auftrag des Bundesministeriums des Innern, Beiträge zur Informations- und Dokumentationswissenschaft, Folge 6, Pullach bei München 1973

Berger, Albrecht, Das Dokumentationssystem von IRETIJ an der Universität Montpellier, in: Materialien zur Rechtsinformatik, herausgegeben von Simitis, Voss-Eckermann, Dammann, Folge 2, Frankfurt/M. 1972, S. 63 ff.

ders., Umweltrechtsdokumentation, Studie für das Bundesministerium des Innern, hektographiert, 1973

Berichte der 15. Jahrestagung des Ausschusses für Patentdokumentation (1973), Deutsche Gesellschaft für Dokumentation, Ausschuß für Patentdokumentation, (München, Wittelsbacher Platz 4) 1973

Beyer, Achim, Informations- und Dokumentationswesen, in: Wissenschaft der DDR, herausgegeben vom Institut für Gesellschaft und Wissenschaft Erlangen, Köln 1973, S. 193 ff.

Bischoff, Ulrich, Die Informationslawine. Wie ist die Nachrichtenfülle zu bewältigen? Düsseldorf und Wien 1967

Borko, Harold, Automated Language Processing, New York, London, Sydney 1968

Brackmann, Kurt / Heupner, Hermann / Schroeder-Printzen, Günther / Richter, Rolf / Geinitz, Wolfgang / Hedebrand, Dieter, Grundkonzeption für die Errichtung einer sozialrechtlichen Datenbank beim Bundessozialgericht, Berlin 1972

Bruhn, Wolfgang, Das Problem des Vervielfältigens und Verbreitens in seiner Bedeutung für die Bibliotheken, UFITA 52 (1969) S. 115 ff.

*Brutschke, Paul-Gerhard, Urheberrechtsverletzungen bei der Benutzung von elektronischen Datenverarbeitungsanlagen, NJW 1971 S. 889 f.

*ders., Urheberrecht und EDV, München 1972
Buch und Buchhandel in Zahlen. Herausgegeben vom Börsenverein des deutschen Buchhandels, Frankfurt/M. 1971
Budde, Rainer, Informationszentren von morgen. Mikrofilm als aktive Datenbank, Möglichkeiten und Anwendungen des größten Analogspeichers, Berlin 1972
Bush, George, P., Technology and copyright. Annotated bibliography and source materials. Mt. Air, Maryland, 1972
Chandor, Anthony (unter Mitarbeit von John Graham und Robin Williamson), A Dictionary of Computers, Harmondsworth (Middlesex) 1970
Constantin, Ulrich, Die Vervielfältigung zu persönlichem Gebrauch im neuen Urheberrechtsgesetz, GRUR 1970 S. 15 ff.
Cyran, W., Die Informationslawine überrollt auch die Mediziner, Frankfurter Allgemeine Zeitung vom 27. 3. 1974 S. 33
Deininger, Rolf, Erfahrungen mit maschineller Beleglesung, ÖVD 1972 S. 303 ff.
DIN 1426 (Fachnormenausschuß Bibliotheks- und Dokumentationswesen im Deutschen Normenausschuß) Inhaltsangaben in Information und Dokumentation, DIN 1426, Änderung November 1973, Beuth-Vertrieb Berlin 30 und Köln
Dittrich, Robert, Die Vervielfältigung zum eigenen Gebrauch, in: Festschrift für Georg Roeber 1973 S. 107 ff.
Dörffeldt, Siegfried, Urheberrechtliche Fragen im Bereich der öffentlichen Bibliotheken, Deutscher Büchereiverband, Bibliotheksdienst, Beiheft 72 (1972)
Drost, Hans Wolfgang, Vervielfältigungen der Bibliotheken nach dem neuen Urheberrecht, in: Verband der Bibliotheken des Landes NRW. Mitteilungsblatt. Neue Folge Jg. 18 1968 Nr. 4 S. 315 ff. und Jg. 19 1969 Nr. 3 S. 190 ff.
Fachnormenausschuß Informationsverarbeitung im Deutschen Normenausschuß. Zur Typologie von Daten und Informationssystemen – Terminologie, Begriffe und Systematik, Stellungnahme zum Gutachten von G. Beling und G. Wersig, ÖVD 1974 (3.) S. 133 f.
Fauth, Hans-Peter, Computer-Ausdruck auf Mikrofilm, in: Dokumentation und Information, herausgegeben von Ernst Lutterbeck, Frankfurt/M. 1971 S. 179 ff.
Festschrift für Georg Roeber, herausgegeben von Wilhelm Herschel, Friedrich Klein, Manfred Rehbinder (Schriftenreihe UFITA Heft 46) 1973
Fiedler, Herbert, Perspektiven juristischer Informationssysteme, ÖVD 1973 S. 443 ff.
ders., Die Stellung der Rechtsinformatik zu den Informationswissenschaften, DSWR 1974 (4.) S. 116 ff.
Flöhl, R., Die größte biomedizinische Datenbank, Frankfurter Allgemeine Zeitung vom 7. 11. 1973 S. 33 f.
Flück, Christmuth M., Zur Automatisierung der juristischen Dokumentation in der Schweiz, in: Festgabe zum Schweizerischen Juristentag 1973 S. 225 ff.
Freitas, Denis de, The task of authors' societies vis-à-vis new techniques of communication and exploitation of intellectual works, Bulletin of the Copyright Society of the U.S.A. Vol. 20 (1972/73) S. 145 ff.
Fromm, Friedrich Karl und Nordemann, Wilhelm, Urheberrecht, Kommentar, begründet von Fromm und Nordemann, fortgeführt von Wilhelm Nordemann, Kai Vinck, Paul W. Hertin, 3. Auflage, Stuttgart, Berlin, Köln, Mainz 1973, 2. Auflage 1970
von Gamm, Otto-Friedrich Freiherr, Urheberrechtsgesetz, Kommentar, München 1968
von Gamm, Otto-Friedrich Freiherr und von Gamm, Eva Freifrau, Urheberschutz für allgemeine Geschäfts- und Vertragsbedingungen, Formularverträge, Tarifverträge und Wettbewebsregeln GRUR 1969 S. 593 ff.
Gesamtvertrag zwischen der Inkassostelle für urheberrechtliche Vervielfältigungs-

gebühren und dem Bundesverband der Deutschen Industrie mit dazu vereinbarten Erläuterungen vom 15. 7. 1970

Gebhardt, F. / Genrich, H. J. / Richter, G., Kritik einer Typologie von Daten und Informationssystemen, ÖVD 1973 S. 524 ff.

Götz von Olenhusen, Albrecht, Schriftsteller, Recht und Gesellschaft. Beiträge und Materialien zum Urheber-, Verlags- und Presserecht, Freiburg i. B. 1972

Goffman, William, A General Theory of Communication, in: Tefko Saracevic (Herausgeber), Introduction to Information Science, New York und London 1970 S. 723 ff.

*Goose, Dieter, (Besprechung von:) Paul Gerhard Brutschke, Urheberrecht und EDV, DVR Bd. 2 1973 S. 122 ff.

*ders., Urheberrechtliche Hindernisse für Datenbanken? ÖVD 1973 S. 309 ff. = Sonderdruck aus ÖVD zum Kongreß „Juristische Informationssysteme – EDV und Recht" der Verlegervereinigung Rechtsinformatik e. V., Mai 1973 in München

*ders., Urheberrechtliche Probleme der Pressedatenbank, GRUR 1973 S. 4 ff.

Haft, Fritjof, Elektronische Datenverarbeitung im Recht, Berlin 1970

Hasenmüller, Ursula / Walter, Hermann, Einführung in die maschinelle Dokumentation, IBM-Beiträge zur Datenverarbeitung, Stuttgart (IBM Deutschland) 1972

Heiseke, Jürgen, Die Vervielfältigung von Schriftwerken nach dem neuen Urheberrechtsgesetz, DB 1967 S. 149 ff.

Henze, D. / Lutterbeck, E., Zur Typologie von Daten und Informationssystemen – Terminologie, Begriffe und Systematik, Stellungnahme zum Gutachten von G. Beling und G. Wersig, ÖVD 1974 (3.) S. 134 f.

Hirsch, Martin und Kleinmann, Werner, Der Vergütungsanspruch bei Vervielfältigung zu gewerblichem Zweck, DB 1967 S. 671 ff.

Hubmann, Heinrich, Urheber- und Verlagsrecht. Ein Studienbuch. 3., neubearbeitete Auflage, München 1974

ders., Die Entscheidungen des Bundesverfassungsgerichts zum Schutz des geistigen Eigentums, GRUR Int. 1973 S. 270 ff.

Das Informationsbankensystem. Band 1 und 2: Vorschläge für die Planung und den Aufbau eines allgemeinen arbeitsteiligen Informationsbankensystems für die Bundesrepublik Deutschland, Köln, Berlin, Bonn, München 1971. Band 3: Literatur zu den Informationswissenschaften 1960–1971, Köln, Berlin, Bonn, München 1972

Isacker, Franz von, Vom tieferen Sinn des Urheberrechts und der Rolle, die die Verwertungsgesellschaften dabei spielen, in: Festschrift für Roeber S. 237 ff.

Joachim, H. G., Die Nutzanwendung elektronischer Datenverarbeitungssysteme für Juristen, Recht und Politik 1970 S. 92 ff.

Das Juristische Informationssystem – Analyse, Planung, Vorschläge, Bericht der Projektgruppe BMJ/GMD/C-E-I-R. Herausgegeben vom Bundesministerium der Justiz 1972

Katzenberger, Paul, Die Frage des urheberrechtlichen Schutzes amtlicher Werke, GRUR 1972 S. 686 ff.

ders., Dokumentation und Urheberrecht – Abstracts – Fotokopien – elektronische Datenbanken. Bericht über die Arbeitssitzung für Urheberrecht auf der Jahrestagung der Deutschen Vereinigung für gewerblichen Rechtsschutz und Urheberrecht, GRUR 1973 S. 648

*ders., Urheberrecht und Dokumentation, Abstracts – Fotokopien – elektronische Datenbanken, GRUR 1973 S. 629 ff. = DVR Bd. 2 1973 S. 341 ff.

*Katzenberger, Paul und Kolle, Gert, Die urheberrechtliche Beurteilung computerunterstützter Informations- und Dokumentationssysteme, in: Gesetzesplanung –

Beiträge der Rechtsinformatik. Herausgegeben von der Arbeitsgemeinschaft Rechtsinformatik München/Regensburg (EDV und Recht, Band 4), Berlin 1972 S. 181 ff. = Nachrichten für Dokumentation 23 (1972), S. 94 ff.

Kaufmann, Hans, Die Technologie der Datenverarbeitungsanlagen, ÖVD 1973 S. 103 ff.

Kennedy, W., Ein internationales Informationssystem für Umweltrecht, Beiträge zur Umweltgestaltung, Berlin 1972

Kent, Allen, Einführung in die Informationswiedergewinnung, München und Wien 1966

Kleine, Heinz, Die Vervielfältigung von urheberrechtlich geschützten Druckwerken zum persönlichen und eigenen Gebrauch, Nachr. Dok. 17 (1966) S. 131 ff.

Köhler, Reimar, Der urheberrechtliche Schutz der Rechenprogramme, München 1968

Kochen, Manfred, Stability in the Growth of Knowledge, in: Tefko Saracevic (Herausgeber), Introduction to Information Science, New York und London 1970, S. 44 ff.

Kolle, Gert, Der Rechtsschutz von Computerprogrammen aus nationaler und internationaler Sicht, GRUR 1973 S. 611 ff., 1974 S. 7 ff. = DVR Bd. 2 1973 S. 290 ff.

Krieger, Albrecht, Urheberrecht und gewerblicher Rechtsschutz im Zeichen der internationalen Entwicklung, GRUR Int. 1973 S. 213 ff.

Krüger-Nieland, Gerda, Das Urheberrecht und die Entwicklung der Technik, insbesondere die private Vervielfältigung mittels Magnettonband und Fotokopie, GRUR 1957 S. 535 ff.

Küfner, Peter, Die Vergütungsansprüche des Urhebers nach dem Urheberrechtsgesetz. Diss. Erlangen-Nürnberg 1971

Kunz, Werner und Rittel, Horst, Die Informationswissenschaften. Ihre Ansätze, Probleme, Methoden und ihr Ausbau in der Bundesrepublik Deutschland, München, Wien 1972

Kupsch, Hans-Karl von, Die Verleger bitten zur Kasse, Börsenblatt für den Deutschen Buchhandel - Frankfurter Ausgabe - 1972 S. 1508 ff.

Lachmeyer, Friedrich, Anwendungsmöglichkeiten für EDV-Bildschirmgeräte, DVR 1973 S. 242 ff.

Laisiepen, Klaus / Lutterbeck, Ernst / Meyer-Uhlenried, Karl-Heinrich (unter Mitwirkung von: M. Anders, G. Beling, W. Krumholz, G. Thiele, G. Wersig, G. Zimmermann), Grundlagen der praktischen Information und Dokumentation. Eine Einführung, München-Pullach und Berlin 1972

Larenz, Karl, Methodenlehre der Rechtswissenschaft, Berlin, Göttingen, Heidelberg, New York 1969

Lewy, Howard A., Copyright law and computerized legal research, in: Bulletin of the Copyright Society of the U.S.A. Vol. 20 1972/73, S. 159 ff.

Limperg, Théodore, Les problèmes de la réprographie des oeuvres imprimées protégées par le droit d'auteur. Revue internationale du droit d'auteur Vol. 78 1973 S. 129 ff.

Löser, Eduard, Dokumentation als Dienstleistung für die Gemeinden, ÖVD 1972 S. 340 ff.

Lukes, Rudolf, Urheberrechtsfragen bei überbetrieblichen technischen Normen – insbesondere DIN-Normen und VDE-Vorschriften, Köln, Berlin, Bonn, München 1967

Lutterbeck, Ernst (Herausgeber), Dokumentation und Information, Frankfurt/M. 1971

Lutterbeck, Ernst / Wersig, Gernot, Thesen und Vorschläge zur Frage der Abgren-

zung von Information und Dokumentation zur Datenverarbeitung und der Informationswissenschaften zur Informatik, ÖVD 1973 S. 424 ff.
Lutz, Theo und Klimesch, Herbert, Die Datenbank im Informationssystem, München, Wien 1971
Maschinelle Informationssysteme für die Dokumentation. Bundesministerium der Verteidigung. Forschungsbericht aus der Wehrtechnik, BMVg-FBWT 71-11 Mai 1971
Maunz, Theodor, Das geistliche Eigentum in verfassungsrechtlicher Sicht, GRUR 1973 S. 107 ff.
McCabe, Diana Fitch, Automated Legal Research Effectiveness and Future Development, in: Law and Computer Technology Vol. 2 (1971) S. 30 ff.
Michailow/Cernyi/Giljarewskij, Grundlagen der wissenschaftlichen Dokumentation und Information (2 Bände), Köln und Opladen 1970
Möhring, Philipp, Die private Tonbandaufnahme in verfassungsrechtlicher Sicht, UFITA 39 (1963) S. 198 ff.
ders., Über die Vervielfältigung von Werken der Literatur und Tonkunst im privaten Gebrauch, GRUR Int. 1963 S. 589 ff.
Möhring, Philipp und Nicolini, Käte (unter Mitwirkung von Otto Arzt, Hermann Kroitzsch, Wolfgang Spautz), Urheberrechtsgesetz, Berlin und Frankfurt/M. 1970
Müller-Römheld, Walter, Sozialisierung des Urheberrechts? Börsenblatt des Deutschen Buchhandels - Frankfurter Ausgabe - 1973 S. 1402 ff.
Natalis, Gerhardt, Erschließung von Zeitschriftenaufsätzen mit der Datenverarbeitungsanlage IBM 1401. Arbeitsstelle für Reprotechnik im Institut für Dokumentationswesen 1971
Neumann, Hans-Wolfgang, Urheberrecht und Technik, GRUR 1957 S. 579 ff.
Nordemann, Wilhelm und Hertin, Paul, Urheberrechtlicher Werkschutz an veröffentlichten Gerichts- und Verwaltungsentscheidungen? NJW 1971 S. 688 ff.
*Nordemann, Wilhelm und Hertin, Wolfgang, Die juristische Datenbank in urheber- und wettbewerbsrechtlicher Sicht, NJW 1971 S. 857 ff.
Oekonomides, Dimitrios S., Enteignung der Urheberrechte? in: Gewerblicher Rechtsschutz-Urheberrecht-Wirtschaftsrecht, Mitarbeiterfestschrift für Eugen Ulmer, Köln, Berlin, Bonn, München 1973 S. 25 ff.
Pohlert, Thilo, Konzeption einer Fachinformationsbank für Presse und Rundfunk, in: Das Informationsbankensystem, Band II, Köln, Berlin, Bonn, München 1971
Price, Norman, The storage and retrieval by computer of the conventions and agreements of the Council of Europe, Law and Computer Technology Vol. 6 1973 S. 86 ff.
Reheuper, Otto, Datenübertragung auf den Fernmeldenetzen der Bundespost, in: Forschung '71, Berichte aus Wissenschaft und Technik, Frankfurt/M. 1970 S. 205 ff.
*Reichel, Werner, Urheberrecht und technische Entwicklung, Börsenblatt für den Deutschen Buchhandel - Frankfurter Ausgabe - 1972 S. 2 ff.
ders., Zur urheberrechtlichen Problematik der Reprographie, Börsenblatt für den Deutschen Buchhandel - Frankfurter Ausgabe - 1973 S. 2093 ff.
*Ringer, Barbara, Speicherung und Wiedergabe urheberrechtlich geschützter Werke durch Datenverarbeitungsanlagen, GRUR Int. 1968 S. 18.
XVIII. Konferenz des Diebold-Forschungsprogramms Europa, Tagungsbericht, ÖVD 1973 S. 480 ff.
Runge, Kurt, Die urheberrechtlichen Nutzungsrechte, in: Festschrift für Roeber, S. 529 ff.
ders., Die urheberrechtlichen Nutzungsrechte, UFITA Bd. 66 (1973) S. 1 ff.

Samson, Benvenuto, Urheberrecht. Ein kommentierendes Lehrbuch. Pullach 1973
Saracevic, Tefko (Herausgeber), Introduction to Information Science, New York und London 1970
ders., The Concept of Relevance, in: Tefko Saracevic (Herausgeber), Introduction to Information Science, New York and London 1970 S. 111 ff.
Sass, Bernhard, Der Aufbau von Dokumentationssystemen. Dargestellt am Modell einer elektronischen Steuerrechtsdokumentation, BB 1970 S. 1313 ff.
Schober, Hans-Werner und Wersig, Gernot, Tendenzen der Information und Dokumentation in Praxis und Wissenschaft, in: Lutterbeck, Ernst (Herausgeber), Dokumentation und Information, Frankfurt/M. 1971 S. 13 ff.
Schnorbus, Axel, Die robuste Schwester der Fotografie. Neun Milliarden Fotokopien jährlich. Frankfurter Allgemeine Zeitung vom 16. 2. 1974 S. 17
Sebiger, Heinz, Erfahrungsbericht über den Aufbau einer Steuerrechtsdokumentation, in: Datenverarbeitung und Recht, herausgegeben von Joachim Schrimpf, Reihe IBM-Beiträge zur Datenverarbeitung, Stuttgart (IBM Deutschland) 1973, S. 69 ff.
Simitis, Spiros, Chancen und Gefahren der elektronischen Datenverarbeitung, NJW 1971 S. 673 ff.
ders., Informationskrise des Rechts und Datenverarbeitung, Karlsruhe 1970
Skelly, Stephen J., Information Retrieval and the Lawyer, Law and Computer Technology Vol. 4 (1971) S. 115 ff.
de Solla Price, Derek J., Networks of Scientific Papers, in: Tefko Saracevic (Herausgeber), Introduction to Information Science, New York und London 1970 S. 56 ff.
Stadler, Gerhard, Erster Internationaler Kongreß für Rechtsinformatik, Tagungsbericht, ÖVD 1974 (3.) S. 135
Steinmüller, Wilhelm (Herausgeber), EDV und Recht, Einführung in die Rechtsinformatik, Berlin 1970
Testkonzeption für das Juristische Informationssystem – Entwicklungssystem –. Bundesministerium der Justiz/Gesellschaft für Mathematik und Datenverarbeitung, hektorgraphiert. Oktober 1973
Thiele, Georg, Begriff und Technologie der Reprographie, in: Dokumentation und Information, herausgegeben von Ernst Lutterbeck, Frankfurt/M. 1971 S. 173 ff.
Thiele, Michael, Zum Einsatz des Mikrofilms bei Dokumentationssystemen, DSWR 1973 S. 87 ff.
Ulmer, Eugen, Urheber- und Verlagsrecht (Lehrbuch), 2. Auflage Berlin, Göttingen, Heidelberg 1960
*ders., Elektronische Datenbanken und Urheberrecht (Gutachten im Auftrag der UNESCO und der Weltorganisation für Geistiges Eigentum), München 1971
*ders., Einspeicherung und Wiedergewinnung urheberrechtlich geschützter Werke durch Computer-Anlagen, GRUR 1971 S. 297 ff.
ders., Der Urheberschutz wissenschaftlicher Werke unter besonderer Berücksichtigung der Programme elektronischer Rechenanlagen. Sitzungsberichte der Bayerischen Akademie der Wissenschaften, Jahrgang 1967, Heft 1
von Ungern-Sternberg, Joachim, Drahtfunk- und Rundfunkvermittlungsanlagen in urheberrechtlicher Sicht, GRUR 1973 S. 16 ff.
Voth, Willfried, Das Juristische Informationssystem, Pläne, Stufen der Realisierung, DRiZ 1974 (3.) S. 73 ff.
Wegmüller, F., Griffbereites Wissen, Sonderdruck aus der Roche-Zeitung 1965
Weinsheimer, Willi, Auslegung von Ausnahmevorschriften und Vorschriften mit „eindeutigem" Wortlaut, NJW 1959 S. 566

Wyllys, Ronald E., Extracting and Abstracting by Computer, in: Automated Language Processing, herausgegeben von Harold Borko, New York, London, Sydney 1968 S. 127 ff.
Ziman, J. M., Information, Communication, Knowledge, in: Tefko Saracevic (Herausgeber), Introduction to Information Science, New York und London 1970 S. 76 ff.

Abkürzungsverzeichnis

DSWR	Datenverarbeitung in Steuer, Wirtschaft und Recht
DVR	Datenverarbeitung im Recht
Nachr. Dok.	Nachrichten für Dokumentation
ÖVD	Öffentliche Verwaltung und Datenverarbeitung

Erster Teil: Sachverhalt

Die vorliegende Arbeit behandelt die technisch leistungsfähigsten Dokumentationssysteme: nämlich die, welche sich der elektronischen Datenverarbeitung oder der Mikrofilmspeicherung bedienen. Für die urheberrechtliche Beurteilung ist zunächst eine Darstellung des technischen Sachverhalts erforderlich. Weiterhin erscheint es angebracht, wenigstens skizzenhaft aufzuzeigen, warum der Einsatz der genannten technischen Hilfsmittel in der Dokumentation zu einer Notwendigkeit geworden ist.

A. Technischer Sachverhalt

Ein Dokumentationssystem[1] hat die Aufgabe, Dokumente zu speichern, für die Wiederauffindung zu erschließen und zur Benutzung bereitzustellen[2]. Zur Bewältigung dieser Aufgaben können die elektronische Datenverarbeitung oder Mikrofilmarchive oder beide zusammen eingesetzt werden.
Im folgenden werden die Leistungen, die der Computer durch die Verarbeitung eines Textes erbringen kann, zunächst im Zusammenhang, sodann in denjenigen Einzelheiten dargestellt, die für die urheberrechtliche Beurteilung von Bedeutung sind. Dies geschieht zunächst ohne Rücksicht darauf, ob es sich bei dem verarbeiteten Text um das Originaldokument handelt oder nicht. Die hiernach erforderliche Differenzierung wird anschließend gebracht. Eine Darstellung der Mikrofilmspeicherung, insbesondere im Zusammenhang mit der elektronischen Datenverarbeitung, bildet den Abschluß des technischen Sachverhalts.

I. Elektronische Datenbank

1. Leistungen des Systems[2a]

Ein Text läßt sich so in einen Computer eingeben und in ihm speichern, daß der Computer auf Suchfragen angeben kann, ob der Text, bzw. wel-

---

1 Zu dem Begriff vgl. die Bemerkungen zur Terminologie u. S. 12 ff.

2 Zur Vereinfachung wird davon ausgegangen, daß es sich bei den Dokumenten um sprachliche Texte handelt.

2a Vgl. zur Einführung *Hasenmüller/Hermann* und *Ulmer* S. 5 ff.; zu den Einzelheiten vgl. *Ahrens/Walter; Bauer-Bernet*, Rechtsdokumentation; *Borko; Deininger* in ÖVD 1972 S. 303 ff.; Das Juristische Informationssystem, dazu Testkonzeption für das Juristische Informationssystem; *Kaufmann* in ÖVD 1973 S. 103 ff.; *Laisiepen/Lutterbeck/Meyer-Uhlenried; Lutz/Klimesch; Michailow/Cernyi/Giljarevskij; Reheußer; Salton; Sebiger; Vickery.*

cher Teil des Textes zur Beantwortung der gestellten Frage relevant ist. Der Computer kann die Texte, die sich auf eine Suchfrage hin qualifizieren, wieder bereitstellen. Vor der Wiedergabe des Materials hat der Besucher je nach der technischen Ausgestaltung die Möglichkeit, in einem Dialog mit der Maschine die Suchfrage näher einzugrenzen. Innerhalb des Dialogs können ihm eingespeicherte Texte, die er selbst auf ihre Relevanz prüfen will, auf Sichtschirm vorgeführt werden.
Anfrage und Dialog erfordern nicht die Anwesenheit des Benutzers am Standort der elektronischen Datenverarbeitungsanlage. Die Datenfernübertragung ermöglicht es, den Computer auch von einer oder mehreren – von seinem Standort verschiedenen – Datenendstationen, sogenannten Terminals, aus anzusprechen. Dort können auch die nachgefragten Dokumente oder Dokumentteile ebenso wie am Standort des Computers bereitgestellt werden. Dies kann – nach Wahl des Benutzers – dadurch geschehen, daß die gewünschten Texte auf einem Sichtgerät (Bildschirm) erscheinen und/oder daß Kopien der Texte ausgedruckt werden.

2. Eingabe und Speicherung

Aufbau und Funktionsweise von elektronischen Datenverarbeitungsanlagen und Fernleitungen brauchen für die urheberrechtliche Beurteilung nicht im einzelnen dargestellt zu werden. Notwendig ist jedoch eine kurze Kennzeichnung, wie Daten dem Computer eingegeben werden und in welcher Weise die Speicherung erfolgt.
Der Computer kann Daten nur in maschinenlesbarer Form aufnehmen. Deshalb müssen die Texte zunächst auf maschinenlesbaren Datenträgern fixiert sein. Diese müssen gesondert hergestellt werden, wenn die Dokumente in traditioneller Form – z. B. Druck oder Maschinenschrift – vorliegen. In Betracht kommen vor allem Lochkarten, Lochstreifen, Magnetbänder und Magnetkarten. Es ist auch möglich, diese gleich beim Erstellen des Originaldokuments anzufertigen, z. B. dadurch, daß die Schreibmaschine zugleich mit dem Original einen Lochstreifen oder ein Magnetband beschriftet.
Auf Lochkarten ist der abgelochte Text regelmäßig zur Kontrolle noch einmal in Klarschrift enthalten. Aber auch unabhängig davon lassen sich Lochkarten und Lochstreifen vom Fachmann, wenn auch äußerst umständlich, ohne Einschaltung eines Geräts lesen. Magnetbänder und Magnetkarten sind dagegen nicht direkt lesbar.
Neben den genannten Möglichkeiten kommt vor allem in Zukunft in Betracht, daß der Computer die Informationen bei besonderen Schriftformen über einen Schriftleser direkt vom Papier, Mikrofilm oder Mikrofiche – ohne Dazwischenschaltung anderer Datenträger – aufnimmt.

Bei der Speicherung in der elektronischen Datenverarbeitungsanlage erfolgt die Darstellung des Textes – für Menschen nicht lesbar – durch Magnetisierung der Speichermedien. Dies sind Magnetkerne in den sogenannten Arbeitsspeichern, in denen jeweils nur eine Kurzzeitspeicherung zur Durchführung der eigentlichen Verarbeitung der Texte (z. B. Stichwort-Selektion) erfolgt. Speichermedien der externen Speicher, die der dauernden Speicherung der Texte dienen, sind Magnetplatten, Magnettrommeln, Magnetband und Magnetkarten.

3. Verarbeitung zur Wiederauffindung und Suche

Die Wiederauffindung der Texte wird durch die Art und Weise ermöglicht, in welcher der Computer die gespeicherten Texte und die Suchfragen verarbeitet.
Der Computer entnimmt einem eingegebenen Text Stichwörter, die später zur Wiederauffindung des Textes verwendet werden. Welche Wörter die Maschine dem Text zu entnehmen hat, kann auf verschiedene Weise bestimmt werden.
Entweder enthält der Computer eine Liste von Wörtern, die als Stichwörter verwendet werden können. Der Computer sucht dann den Text auf die in der Liste gespeicherten Wörter hin ab und registriert übereinstimmende Wörter. Oder die elektronische Datenverarbeitungsanlage enthält umgekehrt in einer Liste solche Wörter, die nicht sinntragend sein können und die daher für die Kennzeichnung eines Textes grundsätzlich nicht geeignet sind. Die Maschine sondert dann aus dem Text die so vorgegebenen Wörter aus und registriert die übrigen Wörter in einer von ihr selbst aufgebauten Stichwortliste, die jeweils um die aufgrund eines neuen Textes erstmals auftretenden Stichwörter ergänzt werden. Diese Methode bietet den Vorteil großer Anpassungsfähigkeit: Änderungen in einem Fachgebiet, die sich in der Sprache neuer Veröffentlichungen niederschlagen, werden von dem Ordnungssystem automatisch erfaßt.
Die elektronische Datenverarbeitungsanlage registriert zu jedem Stichwort die Texte (genau: die Stellen eines Textes), denen sie das Stichwort entnommen hat. Dadurch kann sie zu einem Stichwort alle Texte nachweisen, die das Stichwort enthalten.
Dies geschieht z. B. auf ein mit der Suchfrage gegebenes Stichwort hin. Ist das Suchwort selbst kein Stichwort, so kann die Maschine durch einen „Thesaurus" das Suchwort um Synonyme und eventuelle Oberbegriffe ergänzen und auch prüfen, ob Texte mit diesen Begriffen gespeichert sind.

Die Präzisierung der Suchfrage ist möglich, weil Texte nicht nur danach ausgesucht werden können, ob ein bestimmtes Wort in ihnen enthalten ist oder nicht. Eine solche Bedingung kann vielmehr mit beliebig vielen anderen verknüpft werden durch die sog. logischen (Booleschen) Operatoren „und“, „oder“, „und nicht“ und „entweder oder“. Bei einer „und“-Verknüpfung von zwei Stichwörtern A und B werden die sich beim Stichwort A qualifizierenden Texte auf diejenigen eingeschränkt, die auch die Bedingung „Text muß Stichwort B enthalten“ erfüllen. Bei einer „oder“-Verknüpfung qualifiziert sich jeder Text, der auch nur eines der Stichwörter enthält. Mit der Forderung „A und nicht B“ werden diejenigen Texte angesprochen, welche Stichwort A, nicht aber Stichwort B enthalten. Verknüpft die Anfrage die Stichwörter durch „entweder-oder“, so qualifizieren sich Texte, in denen entweder nur A oder nur B vorkommt.
Da es in diesem Punkt in der juristischen Literatur Mißverständnisse gegeben hat, sei zusammenfassend noch einmal darauf hingewiesen, daß der Computer in aller Regel die Durchsuchung des Textes auf Stichwörter nur einmal, und zwar nach der Eingabe, vornimmt, und später auf einzelne Suchfragen hin nicht den gespeicherten Text selbst, sondern nur die Stichwortliste (mit den Textfundstellen) durchsucht. Weil die Liste der Stichwörter mit den zu jedem Stichwort gehörenden Texten Umkehrdatei oder invertierte Datei (englisch: inverted file) heißt, bezeichnet man die geschilderte Methode als Inverted-file-Suche.
Nur ausnahmsweise[2b] wird zusätzlich dazu die sogenannte Direct-file-Suche verwendet, bei der für eine verfeinerte Suche die gespeicherten selbst noch von der Maschine überprüft werden.
Weil die Texte selbst demnach in der Regel – insbesondere bei neueren Systemen die eine genaue Suche bereits über die invertierte Datei ermöglichen – für den Nachweis, welche Texte einer Suchfrage entsprechen, nicht benötigt werden, können die Texte nach der Entnahme der Stichwörter in der Datenverarbeitungsanlage gelöscht werden, wenn diese nicht gleichzeitig auch die Aufgabe hat, die Texte bereitzustellen.

4. Volltext-, Abstract- und Indexverfahren

Wenn der „Text“, von dem bisher die Rede war, der volle Text des Originaldokuments ist, spricht man von Volltextmethode[3]. Sie ist sehr aufwendig und kommt besonders da in Betracht, wo alle Einzelheiten des Dokuments (potentiell) gleichmäßig von Bedeutung sind. Ein solcher An-

---

2b Soweit ersichtlich, erfolgt eine direct-file-Suche nur beim System von IRETJ in Montpellier. Vgl. dazu *Berger*, in: Materialien zur Rechtsinformatik, Folge 2, S. 93 f.

3 Der Begriff ist unscharf und wird in der Literatur nicht einheitlich verwendet.

wendungsbereich ist etwa die Dokumentation von Gesetzgebung und Rechtsprechung[4] oder die Patentdokumentation[5].
Vom Abstract-Verfahren spricht man, wenn an die Stelle des vollen Dokumenttextes eine Zusammenfassung (abstract) tritt. Diese wird zumeist „intellektuell" (oder „manuell"), d. h. durch menschliche Bearbeiter hergestellt. Abstracts lassen sich aber auch durch den Computer selbst (maschinell) herstellen[6]. In diesem Fall wird zunächst der volle Text zur Abstract-Erstellung eingegeben.
Beim Index- oder Deskriptor-Verfahren werden (außer den stets erforderlichen dokumentarischen Angaben zur Kennzeichnung des Dokuments) dem Computer lediglich Schlagwörter zur Inhaltskennzeichnung des Dokuments eingegeben.
Da die Verarbeitung durch die Maschine bei jeder Textart prinzipiell die gleiche ist, können Volltext-, Abstract- und Index-Verfahren auch kombiniert werden. Beispielsweise kann eine bestimmte Art von Dokumenten im Volltext eingegeben werden, während eine andere Art jeweils durch Abstracts, die übrigen durch Schlagwörter repräsentiert werden. Ebenso ist es denkbar, daß nur nach der Indexmethode Schlagwörter zur Wiederauffindung verarbeitet, gleichzeitig aber auch Kurzfassungen gespeichert werden, um dem Anfragenden durch die Vorführung des Abstracts auf dem Bildschirm eine eigene Entscheidung zu ermöglichen, ob das nachgewiesene Dokument für ihn relevant ist.

Es ist zwischen der Verarbeitung des Volltextes zur Wiederauffindung und der Speicherung zur Ausgabe zu unterscheiden, weil beide, wie oben ausgeführt, nicht notwendig kombiniert sind.
In der älteren Literatur wird der Begriff auch schon dann verwendet, wenn ein sprachlich zusammenhängender Text von der Maschine verarbeitet wird, also etwa auch bei der Verarbeitung eines in natürlicher Sprache abgefaßten Abstracts. Dies wird heute als Wortlautmethode oder automatische Stichwortindexierung bezeichnet.

4 Vgl. dazu *Stader* in ÖVD 1974 (3.) S. 135.

5 Vgl. *Hasenmüller/Hermann* S. 21 und S. 27 f.; zur Lage der Patentdokumentation vgl. die Berichte der 15. Jahrestagung des Ausschusses für Patentdokumentation.

6 Vgl. dazu besonders *Kent* S. 88 ff. u. S. 99 sowie die Arbeit von *Wyllys*.

II. Mikrofilmdatenbank[7] [8]

Die Speicherung auf Mikrofilm bietet den Vorteil, daß auf kleinstem Raum riesige Datenmengen untergebracht werden können. Die Wiedergabe eines gesuchten Textes kann – entsprechend der Computerausgabe – mit einem Lesegerät auf Bildschirm sichtbar gemacht und/oder als Kopie zur Verfügung gestellt werden.
Durch die Mikrofilmspeicherung können allerdings die gespeicherten Dokumente nicht inhaltlich für die Wiederauffindung erschlossen werden[9]. Es bietet sich daher an, für den Nachweis der Relevanz eines Dokuments eine elektronische Datenverarbeitungsanlage einzusetzen, die Bereitstellung der Dokumente aber über die kostengünstigere Mikrofilmspeicherung (Mikrofilmarchiv) vorzunehmen. Im sogenannten COM-Verfahren (Computer Output *M*icrofilm) ist es möglich, vom Computer ausgegebene Texte direkt, d. h. ohne Papier als Zwischenträger, auf Mikrofilm zu übertragen.
Mikrofilmarchive lassen sich dezentral einrichten, beispielsweise jeweils am Ort eines Terminals, um durch die elektronische Datenverarbeitungsanlage nachgewiesene Dokumente dort sofort verfügbar zu haben, wobei die Mikrofilme zentral hergestellt werden.

B. Zur Notwendigkeit hochtechnisierter Dokumentationssysteme[10]

I. Wirkungen der „Informationslawine"

Die Entwicklung beziehungsweise Vervollkommnung der geschilderten technischen Hilfsmittel kommt zu einem Zeitpunkt, in dem die sogenannte Informationslawine ein beängstigendes Ausmaß angenommen hat und

---

7 Dazu *Budde; Fauth;* Das Juristische Informationssystem S. 119; *Meyer-Uhlenried* S. 44 f.; *Sass* in BB S. 1315; *Thiele,* Georg; *Thiele,* Michael in DSWR 1973, 87 ff.

8 Der Begriff Mikrofilm wird teils als Gegensatz zu Mikrofiche, teils als Oberbegriff zu beiden verwendet. Als Oberbegriff wird heute auch Mikroform gebraucht. Wo in dieser Arbeit nichts Besonderes gesagt ist, ist der Oberbegriff gemeint.

9 Dagegen ist die Wiederauffindung eines bestimmten Textes mit geeigneten Geräten leicht möglich. Beispielsweise dauert die Suche aus 100 000 Fiches (das entspricht 20 Millionen Textseiten DIN A 4) nur 2 Sekunden.

10 Vgl. zum ganzen Abschnitt die Arbeiten von *Arntz,* Zukunft; *Arntz,* Informationssysteme; *Beyer; Goffman; Laisiepen/Lutterbeck/Meyer-Uhlenried; Kochen; Michailow/Cernyi/Giljarewskij; Saracevic,* The Concept of Relevance; *de Solla Price; Ulmer,* Elektronische Datenbanken und Urheberrecht S. 12 ff.; *Wegmüller; Zimau.*

die Überschaubarkeit nicht mehr nur ganzer Disziplinen, sondern auch schon spezieller Arbeitsgebiete nicht mehr gewährleistet ist. Es handelt sich um ein Problem vornehmlich von Technik und Wissenschaft, das aber mit der zunehmenden Technisierung und Verwissenschaftlichung nahezu aller Lebensbereiche überall spürbar wird.
Das Dilemma entsteht dadurch, daß Informationen in einer Fülle anfallen, die auf traditionelle Weise nicht überblickt werden können. Die verhängnisvolle Wirkung besteht vor allem darin, daß die Informationen einige ihrer wichtigsten Funktionen nicht erfüllen können, nämlich die, weitere Innovationsprozesse anzuregen, den Einsatz von Arbeit und Geld für bereits erzielte Ergebnisse zu vermeiden und als Grundlage für sonstige Entscheidungsprozesse zu dienen.
Bei der Entstehung der Informationen ist ein Ansatz für die Lösung nicht zu finden. Auch wenn sich nichtkreative Informationen und wissenschaftliche Arbeiten mit sogenannten Nonsense-Titeln verhindern ließen, würde das am Problem nichts ändern. Es kann daher nur darum gehen, Mittel zu finden, welche die Informationsfülle überschaubar und damit erst effizient machen.

II. Informationsprobleme im Bereich der Rechtsanwendung[11]

Unbewältigte Informationsprobleme zeigen sich selbst in Bereichen wie dem der Rechtsanwendung, in denen sich die Arbeitsweise in den letzten 50 Jahren nicht grundlegend geändert hat[12]. Eindrucksvoll ist das von Joachim[13] geschilderte Beispiel: Als Bundesrichter am Bundesarbeitsgericht hatte er über eine Revision zu entscheiden, mit der die Verletzung des § 286 ZPO (Grundsatz der freien Beweiswürdigung) gerügt wurde. Eine solche Rüge enthält nach Joachim etwa jede dritte Revision. Gleichwohl fand sich nach sechsjähriger Tätigkeit des Bundesarbeitsgerichts bei einem Eingang von 600 Revisionen pro Jahr im Nachschlagewerk des Gerichts lediglich ein einziger Leitsatz zu der in Frage stehenden Vorschrift. Auch das für den internen Dienstgebrauch bestimmte Nachschlagewerk enthielt bloß einen einzigen Leitsatz. Eine Überprüfung der Ur-

---

11 Vgl. dazu *Fiedler* in ÖVD 1973 S. 443 ff.; *Joachim* in Recht und Politik 1970 S. 92 ff.; *Simitis*, Informationskrise.

12 Allerdings kommt im Rechtsstaat der Überschaubarkeit der Rechtsordnung seit jeher ein besonderer Stellenwert zu. Diese zu gewährleisten, wird mit der zunehmenden Verselbständigung der Rechtsprechung gegenüber dem Gesetzgeber immer schwieriger, weil damit die Zahl der für die Entscheidung einer Rechtsfrage maßgeblichen Informationen erheblich steigt. Insofern zeigen sich auch hier wesentliche, durch die gesellschaftliche Entwicklung bedingte Änderungen. Vgl. dazu *Simitis*, Informationskrise, S. 18 ff.

13 *Joachim* in Recht und Politik 1970 S. 92.

teile eines Jahres erbrachte dagegen 188 Urteilspassagen zu § 286 ZPO.
Daß zumindest ein Teil davon dokumentationswürdig gewesen wären, belegt die Tatsache, daß „ein und derselbe Senat im Januar anders entschieden hatte als im Juni, daß beide Entscheidungen abwichen von der ständigen Rechtsprechung eines anderen Senats im Hause und daß sämtliche Entscheidungen wiederum von der Rechtsprechung des Bundesgerichtshofes abwichen, obgleich beim Bundesarbeitsgericht die vernünftige Tendenz besteht, in Angelegenheiten des Verfahrensrechts dem Bundesgerichtshof den Vortritt zu lassen“[14]. Keine der Entscheidungen setzte sich mit den abweichenden Entscheidungen auseinander.
Ein Schlaglicht auf die Unübersehbarkeit selbst einschlägiger Gesetze wirft es, wenn der Gesetzgeber zwei Jahre lang braucht, um die Gesetze zusammenzustellen, die mit einem neuen Gesetz außer Kraft treten sollen[15].
Die Unübersehbarkeit der Gesetzesmaterie wird auch an den (immer der Zeit nachhinkenden) Ergebnissen der Rechtsbereinigung[16] und den zahlreichen Versehen des Gesetzgebers deutlich. Die Problematik wird dadurch verschärft, daß die Rechtsanwendung zum großen Teil der Sache nach eine fächerübergreifende Disziplin ist und bei Informationsbedarf aus verschiedenen Gebieten die Informationsbeschaffung besonders große Schwierigkeiten macht.
Insgesamt läßt sich wohl den zahlreichen Feststellungen, daß die zu fordernde Überschaubarkeit der Rechtsordnung zumindest in weiten Bereichen nicht mehr gewährleistet ist, kaum widersprechen. Die jährliche Wachstumsrate in diesem Bereich beträgt bei den rechtswissenschaftlichen Beiträgen 3 %, bei Gesetzen 4 % und bei Urteilen 6 %[17].
Es ist bei dieser Sachlage nicht erstaunlich, daß man im In- und Ausland versucht, die Fülle der notwendigen Informationen durch Einsatz oder Erprobung von elektronischen Datenverarbeitungsanlagen zu beherrschen[18].

---

14 *Joachim* in Recht und Politik 1970 S. 92.

15 *Joachim* in Recht und Politik 1970 S. 94.

16 Vgl. *Simitis*, Informationskrise S. 15 ff.; *Steinmüller* S. 45.

17 *Steinmüller* S. 45; vgl. auch *Simitis*, Informationskrise S. 12: Umfang des Bundesgesetzblattes in den ersten vier Jahren der Bundesrepublik 8300 Seiten, in dem (kürzeren) Zeitraum zwischen 1966 und 1969 16 000 Seiten, also fast das Doppelte.

18 Vgl. die Überblicke bei *Haft* S. 102 ff. und *Simitis/Voss-Eckermann/Dammann* Materialien zur Rechtsinformatik, Folge 1 (Länderberichte USA und Schweden sowie die Dokumentationssysteme CREDOC (Brüssel), CREDIJ (Paris), IRETIJ (Montpellier)) Frankfurt/Main 1972; darüber hinaus die Werke von *Berger*, Umweltrechtsdokumentation, und *Kennedy*.

III. Informationsprobleme im Bereich der Naturwissenschaften

Die bereits als besorgniserregend bezeichnete Informationslage im Rechtswesen muß allerdings nahezu idyllisch genannt werden, wenn man sie mit der Situation im Bereich der Naturwissenschaften vergleicht, wo die eigentliche Informationslawine rollt. Auch hier kann die ausführlich diskutierte Problematik nur mit einigen Hinweisen andeutungsweise skizziert werden.
Als Beispiel für die absolute Informationsmenge in einer naturwissenschaftlichen Disziplin mögen die Zahlen aus der Medizin dienen: Es gibt etwa 10 000 bis 20 000 medizinische Zeitschriften mit jährlich rund 1,5 Millionen Veröffentlichungen[19].
Es wird geschätzt, daß sich die Informationen für Chemie in 8 Jahren, für die Elektronik in 5 Jahren und für die Weltraumforschung in 3 Jahren jeweils verdoppelt[20]. Für die wissenschaftlich-technische Fachliteratur insgesamt wird mit einer Verdoppelung der Literatur in den nächsten 8 bis 9 Jahren gerechnet[21].
Einer solchen Informationsflut ist die herkömmliche Informationsvermittlung nicht gewachsen, selbst wenn die Wissenschaftler einen ständig steigenden Teil ihrer Arbeitszeit für die Informationsbeschaffung aufwenden[22]. So ergab eine schon 1958 in den USA veröffentlichte Erhebung unter 1500 Chemikern, die in 45 Firmen und 5 Universitäten tätig waren, daß durchschnittlich 33,4 Prozent ihrer Arbeitszeit durch die Lektüre einschlägiger wissenschaftlich-technischer Literatur sowie die Recherche darin enthaltener relevanter Angaben in Anspruch genommen wurden[23].
Trotz des erhöhten Zeitaufwandes bleiben Wissenschaftlern nach Arntz selbst auf ihrem engeren Fachgebiet 95 % der Weltliteratur unbekannt[24]. Die Kenntnisnahme von weiteren 4 % erfolgt nur durch Referate oder sonstige Berichte.
Die Folgen der mangelnden Kenntnis bereits vorliegender Forschungsergebnisse zeigen sich vor allem in der Verschwendung großer Geldmengen auf nutzlose Doppelarbeit und in der Blockierung der dadurch in Anspruch genommenen Wissenschaftler und Mittel für neue Forschungsaufgaben. Beispielsweise wurden in den USA für einen Versuch zur Wolkenzerstäubung 3 Millionen Dollar aufgewendet, bis die Veröffent-

---

19 *Cyran*, Frankfurter Allgemeine Zeitung vom 27. März 1974 S. 33.
20 *Bischoff* S. 7; *Arntz*, Zukunft S. 142.
21 *Arntz*, Zukunft S. 146; *Michailow/Cerniyi/Giljarevskij* S. 22.
22 *Michailow/Cerniyi/Giljarevskij* S. 23.
23 *Michailow/Cerniyi/Giljarevskij* S. 23 m. w. N.; ebenso *Arntz*, Informationssysteme S. 49; anders *Arntz*, Zukunft S. 148.
24 *Arntz*, Zukunft S. 148.

lichung über die frühere Durchführung des gleichen Versuchs zufällig in einer Bibliothek entdeckt wurde[25]. Schon 1963 wurde geschätzt, daß 10 % der in den USA für Forschungs- und Entwicklungsarbeiten ausgegebenen Gelder verschleudert werden, weil bereits bei der Planung vorhandene Informationen nicht verwertet wurden[26]. Das entsprach bereits damals einem Betrag von 2 Milliarden Dollar pro Jahr[27]. 1969 waren es bereits 3 Milliarden Dollar[28]. *Arntz*[29] weist darauf hin, daß es sich dabei nur um die Effektiveinbuße handelt. Nicht erfaßt ist der verpaßte Fortschritt, der erreicht worden wäre, wenn die relevanten Erkenntnisse überall an der Front, wo sie benötigt wurden, greifbar gewesen wären.
Bei dieser Sachlage läßt sich annehmen, daß die Kosten auch aufwendiger Dokumentationssysteme sich rechtfertigen durch die Vermeidung der Kosten von Fehlinvestitionen infolge Unkenntnis bereits vorliegender Forschungsergebnisse[30]. Eine Vergleichsrechnung hätte dabei noch zu berücksichtigen, daß vielleicht zusätzlich beachtliche personelle Kreativitätsreserven freigesetzt würden, wenn es gelänge, den Arbeitszeitaufwand von Wissenschaftlern für Informationssuche zu verringern[31]. Ließe sich etwa die Zeit für Informationstätigkeit halbieren, so würde das (bei der Annahme, daß diese jetzt ein Drittel der Arbeitszeit beträgt) einer Vermehrung der Zahl der Wissenschaftler um ein Sechstel oder $16^2/_3$ Prozent entsprechen[32].
Auch wenn sich diese Hoffnung nicht oder nicht in solchem Maß erfüllt, weil entsprechend mehr einschlägige Literatur zu sichten ist, so bleibt nach dem oben Gesagten die Wahrscheinlichkeit, daß technisierte Dokumentationsverfahren sich in der Gesamtrechnung als kostengünstig erweisen werden. An ihrer Notwendigkeit läßt sich jedenfalls nicht zweifeln und angesichts der dargelegten Fakten überrascht es nicht, wenn von maßgebenden Wissenschaftlern die Stellung der wissenschaftlichen Informationstätigkeit in der Wissenschaft mit dem Rang der theoretischen Physik in der Physik verglichen wird[33].
Als neueres Beispiel für ein bereits im Betrieb befindliches elektronisches Dokumentationssystem im Bereich der Naturwissenschaften sei die Ende 1972 eröffnete „Biomedizinische Datenbank Hoechst der Farbwerke

---

25 Nach *Michailow/Cerniyi/Giljarevskij* S. 25.
26 *Troan*, An Adventure in Knowledge, American Chemical Society, Washington 1963, zitiert nach *Wegmüller* S. 1.
27 Nach *Wegmüller* S. 1.
28 *Arntz*, Zukunft S. 154.
29 *Arntz*, Zukunft S. 154.
30 *Arntz*, Zukunft S. 154.
31 Vgl. *Arntz*, Informationssysteme S. 49.
32 *Michailow/Cerniyi/Giljarevskij* S. 26.
33 *Michailow/Cerniyi/Giljarevskij* S. 29.

Hoechst genannt[34]. Sie umfaßt zur Zeit 1,3 Millionen Publikationen; jährlich kommen mehr als 250 000 Veröffentlichungen hinzu. Gespeichert werden neben bibliographischen Angaben manuell ausgewählte Schlagwörter, teilweise auch Abstracts. Ausgewertet werden 4000 Zeitschriften, wobei verschiedene internationale Literaturdienste verwendet werden. Beispielsweise liefern die Excerpta Medica auf vertraglicher Basis die Magnetbänder ihrer Referate. Der Thesaurus, mit dessen Begriffen die Recherche durchgeführt wird, umfaßt rund 2 Millionen Wörter. Die Datenbank ist für den Dialogverkehr mit dem Computer eingerichtet. Über Fernleitungen sollen zunächst die deutschen und die europäischen Tochtergesellschaften und Vertriebsbüros der Farbwerke Hoechst verbunden werden, später sollen die Dienste der Datenbank weltweit verfügbar sein.

IV. Informationsprobleme im nichtwissenschaftlichen Bereich

Daß auch im nichtwissenschaftlichen Bereich ähnlich wie in den Wissenschaften zunehmende Informationen und wachsendes Informationsbedürfnis den Einsatz leistungsfähiger Dokumentationssysteme nahelegen, zeigt etwa der Zusammenschluß der Deutschen Presseagentur mit Rundfunkanstalten und Zeitungs- und Zeitschriftenverlegern zu einer Arbeitsgemeinschaft „Elektronisches Informations- und Dokumentationszentrum von Presse und Rundfunk (Datenbank)", die bereits ein Pilotmodell der geplanten Datenbank vorgestellt hat[35]. Der Umfang der täglichen bei einer Nachrichtenagentur eingehenden Nachrichten nimmt jährlich um 10 % zu. Nach Pohlert[36] besteht aber das Problem der Zukunft nicht darin, an Nachrichten heranzukommen, sondern die aufgrund einer neuen Nachricht benötigten sogenannten Hintergrund-Informationen (d. h. frühere Nachrichten und Berichte) schnell wiederauffinden zu können, weil mit Recht immer stärker umfassende und den Hintergrund einer Nachricht aufhellende Informationen verlangt würden. Das Kernstück der geplanten Datenbank ist ein Computer, in dem manuell erstellte Abstracts von Nachrichten und Berichten aus der ganzen Welt gespeichert werden. Die Recherche erfolgt im Dialogverkehr, der auch von räumlich entfernten Terminals ausgeführt werden kann, die bei den angeschlossenen Presse- und Rundfunkunternehmen stehen. Der Bereitstellung der Originaltexte dienen Mikrofilmarchive am Ort der Terminals, also bei den Benutzern, deren Mikrofilme Grundbestand und jeweils halbwöchentliche Ergänzungen von der Zentrale geliefert werden.

---

34 *Flöhl*, Frankfurter Allgemeine Zeitung vom 7. Nov. 1973 S. 33 f.

35 Dazu *Pohlert* in: Das Informationsbankensystem S. 193 ff.; vgl. auch *Goose* in GRUR 1973 S. 4 f.; im übrigen s. das Werk von *Bischoff* und *Balke* S. 363.

36 *Pohlert* in: Das Informationsbankensystem S. 194 f.

V. Notwendigkeit eines zentralisierten Einsatzes hochtechnisierter Dokumentationssysteme

Zusammenfassend läßt sich feststellen, daß die steigende Bedeutung der Dokumentation sich aus der Notwendigkeit weitergehender Arbeitsteilung im Informationsprozeß ergibt, die ihrerseits aus der zunehmenden Fülle an Informationen entsteht. Die Arbeitsteilung ist um so effektiver, je weitergehend sie durchgeführt ist. Das gilt einmal im Verhältnis zu den Benutzern der Informationen. Je besser die Inhaltserschließung und die Wiederauffindungsverfahren sind, um so größer ist die Entlastung der Informationsadressaten oder -empfänger von Literatursuche und -prüfung. Das hier gesteckte Ziel läßt sich nur mit hochtechnisierten, insbesondere elektronischen Dokumentationssystemen erreichen. Eine Effektivitätssteigerung der Arbeitsteilung ist aber auch durch Vermeidung von Doppelarbeit der mit Dokumentation befaßten Stellen zu erreichen. Damit ergibt sich für das Kernstück der Dokumentation, nämlich der Inhaltserschließung von Dokumenten ein starker Zwang zur Zentralisierung[37]. Dieser wiederum bleibt nicht ohne Konsequenzen für die Art der Literaturbeschaffung, weil der Benutzer in die Lage versetzt werden muß, die Dokumente, die ihm relevant nachgewiesen werden, auch ohne größere Schwierigkeiten zu erhalten und weil bei den in Frage stehenden Dokumentenmengen eine örtliche Vorhaltung von Originalen selten in Betracht kommt[38].

C. Zur Terminologie: Dokumentationssysteme und Datenbanken

Die Begriffe Informationssystem, Dokumentationssystem und Datenbank werden auch in der wissenschaftlichen Literatur nicht einheitlich verwendet[39]. „Dokumentationssystem" wird teils als Synonym für „Informationssystem" gebraucht, teils als Unterfall eines solchen angesehen. Auch die Begriffe Dokumentationssystem und Datenbank werden häufig als gleichbedeutend verstanden, andererseits als Gesamt- und Teilbe-

---

37 Vgl. *Arntz*, Informationssysteme, insbesondere S. 36 ff. und S. 71 ff.; s. auch *Pohlert* S. 206.

38 Vgl. *Arntz*, Zukunft, insbesondere S. 142 ff., 145 ff., 147 ff.

39 Vgl. *Beling/Wersig* S. 6; siehe auch das Vorwort von Egon *Hoelder* zu *Beling/Wersig*, S. 7, wonach bei der Verwendung von Begriffen wie Informationssystem und Datenbank eine solche „Vielfalt und Verwirrung" herrscht, daß bei der Konzipierung des sogenannten Bundesdatenbanksystems ernsthafte Schwierigkeiten der Verständigung zwischen Planern und Mitarbeitern auftraten; *Lutz-Klimesch* S. 9; *Simitis* in NJW 1971 S. 674 Anm. 5.

griff betrachtet. Selbst wo Autoren in diesen Unterscheidungen übereinstimmen, liegen die von ihnen gegebenen Definitionen oft auseinander[40]. Die unterschiedliche Begriffsverwendung erklärt sich aus der Vielzahl der Wissenschaften, die sich mit dem in Frage stehenden Gebiet beschäftigen[41], ebenso wie daraus, daß dessen besondere Bedeutung - vornehmlich für die wissenschaftliche und wirtschaftliche Entwicklung - noch nicht lange genug erkannt ist, um eine Vereinheitlichung der Terminologie zu ermöglichen[42].

Innerhalb der vorliegenden Arbeit erweist sich eine Auseinandersetzung mit den verschiedenen Definitionen nicht als notwendig. Weder die Bezüge zur Informationswissenschaft noch die technischen Details sind von entscheidender Bedeutung. Es kann deshalb jeweils von einem weiten Begriff ausgegangen und an das allgemeine Vorverständnis angeknüpft werden[43].

Danach hat ein Dokumentationssystem die Aufgabe, bestimmte Doku-

---

40 Zu den einzelnen Begriffen vgl. z. B. *Ahrens/Walter* S. 144 und 146; *Budde* S. 13 ff.; *Chandor*, Stichwörter data bank (S. 99), documentation systems (S. 135) und information system (S. 194). Das Informationssystem Band 1, Anhang 1 (Begriffsliste); Das Juristische Informationssystem S. 28, 30, 32 ff.; *Hasenmüller/Hermann* S. 3 und S. 15; *Lutz/Klimesch* S. 14 ff. und 146 f.; *Schober/Wersig* S. 20; *Steinmüller* S. 44. Vgl. im übrigen die umfangreichen Nachweise bei *Beling/Wersig.*

41 Aus der Sicht der Informatik werden die Begriffe zumeist von vornherein auf Computer- oder computerunterstützte Systeme beschränkt, vgl. z. B. *Chandor*, wie oben Fußnote 40. Aus der Sicht der Anwendung, z. B. in der Wirtschaft, werden sogar Leistungsanforderungen an ein System in die Definition einbezogen, vgl. z. B. *Lutz/Klimesch* S. 14 ff. und 146 f. Im weitesten Sinn werden die Begriffe wohl vom dokumentations- und informationswissenschaftlichen Ansatz aus verstanden. Vgl. zu den Abgrenzungsproblemen *Laisiepen/Lutterbeck/Meyer-Uhlenried* S. 8 ff. m. w. N.; *Lutterbeck/Wersig*, ÖVD 1973 S. 424 ff. m. w. N.; *Kunz/Rittel* S. 14 ff. m. w. N.; *Michailow/Cerniyi/Giljarevskij* S. VII ff. Umfangreiche Literaturnachweise in: Das Informationsbankensystem Band 3.

42 Der Vereinheitlichung dient die Arbeit von *Beling/Wersig;* vgl. aber die dazu abgegebenen kritischen Stellungnahmen des Fachnormenausschusses Informationsverarbeitung im Deutschen Normenausschuß in ÖVD 1974 (3.) S. 133 f. sowie von *Gebhardt/Genrich/Richter* in ÖVD 1973 S. 524 ff. und *Henze/Lutterbeck* in ÖVD 1974 (3.) S. 134 f.; *Gebhardt/Genrich/Richter*, aaO. gehen in ihrer Kritik an dem Werk von *Beling/Wersig* davon aus, daß viele Begriffe auch heute noch nicht reif für eine terminologische Festlegung seien, weil die wissenschaftliche Diskussion nicht zu einem endgültigen oder vorläufigen Abschluß gekommen sei. Hierzu zählen sie gerade auch die Begriffe Datenbank und Informationssystem.

43 Alle urheberrechtlichen Abhandlungen zu dem hier behandelten Thema verzichten auf eine genauere Begriffsklärung. Sie erweist sich für die Fragen, die das Urheberrecht an den Sachverhalt stellt, als überflüssig.

mente zu sammeln, zu erschließen und bereitzustellen[44]. Wenn von (hoch-) technisierten Dokumentationssystemen gesprochen wird, so sind vornehmlich die sogenannten automatischen oder automatisierten, d. h. die computerunterstützten Systeme gemeint[45]. Darüber hinaus sollen aber auch solche Systeme (oder Teilsysteme) erfaßt werden, die durch sonstige neue technische Methoden der Dokumentation weitere Möglichkeiten erschließen. Gedacht ist dabei vor allem an Mikrofilmspeicherung[46].

Der Begriff des Dokumentationssystems (im weiteren Sinn) schließt die Beziehungen zu Produzenten und Benutzern der Dokumente ein[47]. Diese Beziehungen (z. B. das Zusenden von Dokument-Kopien) können bei der urheberrechtlichen Beurteilung nicht außer Betracht bleiben. Soweit das im Einzelfall doch geschieht, kann von einem Dokumentationssystem im engeren Sinn gesprochen werden[48]. Dieser Begriff ist dann identisch mit dem der Datenbank. Sie wird (anders als in der Informatik[49]) verstanden als der Teil eines Dokumentationssystems (im weiteren Sinn), der Eingabe, Speicherung oder Ausgabe der Dokumente oder der sie repräsentierenden Abbildungen (Angaben über Dokumente) umfaßt[50].

---

44 Vgl. *Saracevic*, Introduction to Information Science (General Introduction) S. XXII; *Hasenmüller/Hermann* S. 3; Das Juristische Informationssystem S. 33 ff.; *Katzenberger* in GRUR 73 S. 629.

45 Vgl. *Steinmüller* S. 44.

46 Vgl. *Budde*, insbesondere S. 15 ff.

47 Vgl. *Beling/Wersig* S. 89.

48 Vgl. *Beling/Wersig* S. 89.

49 Vgl. dagegen *Beling/Wersig* S. 72 und S. 91.

50 Vgl. Das Juristische Informationssystem S. 33; Simitis in NJW 1971 S. 674.

Zweiter Teil: Urheberrechtliche Beurteilung

A. Fragestellung und Überblick

Für den Betrieb eines Dokumentationssystems sind zwei urheberrechtliche Fragen von großer, unter Umständen entscheidender Bedeutung:

1. Bedarf es zur Durchführung des Projektes der Zustimmung der einzelnen Urheber oder der sonst Werkberechtigten?
2. Inwieweit sind Vergütungen für eine Nutzung von Werken in einem Dokumentationssystem zu zahlen?

Beides kann nur der Fall sein, soweit es um die Nutzung von „Werken" im Sinn des UG geht. Denn nur an diesen können Urheberrechte bestehen. Die Zustimmung des Urhebers ist erforderlich, wenn die Nutzung in Verwertungsrechte des Urhebers eingreift. Berührt sein können das Vervielfältigungsrecht (§ 15 Abs. 1 Nr. 1 UG) durch Speicherung, Verarbeitung und Bereitstellung, sowie das Verbreitungsrecht (§ 15 Abs. 1 Nr. 2 UG) und das Recht der öffentlichen Wiedergabe (§ 15 Abs. 2 UG) durch die Bereitstellung von Werken. Der Urheber kann seine Zustimmung von der Zahlung einer Vergütung abhängig machen. Von dieser nicht weiter zu untersuchenden selbstverständlichen rechtsgeschäftlichen Möglichkeit abgesehen, kann eine Vergütungspflicht kraft Gesetzes auch für Nutzungen vorgesehen sein, die ohne Zustimmung des Urhebers vorgenommen werden dürfen.

Die Probleme werden in der genannten Reihenfolge untersucht. Kürze oder Ausführlichkeit einzelner Erörterungen richten sich dabei im wesentlichen danach, welche Bedeutung die behandelten Fragen für die Praxis haben oder voraussichtlich haben werden. Daraus erklärt sich zum Beispiel die sehr unterschiedliche Gewichtung einzelner Probleme bei der Prüfung, inwieweit die Nutzung urheberrechtlich geschützter Werke in Betracht kommt. Bei der Beurteilung der praktischen Relevanz dieser Fragen wird das Ergebnis der weiteren Untersuchung vorausgesetzt, daß beim Betrieb von Dokumentationssystemen mit Hilfe von elektronischen Datenverarbeitungsanlagen und Mikrofilm möglicherweise urheberrechtlich relevante Verwertungshandlungen vorgenommen werden. Welche Verwertungshandlungen das sind und inwieweit dabei durch die gesetzlichen Ausnahmeregelungen der §§ 45 ff. UG das Urheberrecht beschränkt ist, wird anschließend für die elektronische Datenverarbeitung und Mikrofilmdokumentation getrennt geprüft. Die Regelung gesetzlicher Vergütungspflichten wird trotz ihrer Verknüpfung mit den Ausnahmetatbeständen der besseren Übersicht wegen in der Folge gesondert behandelt.

B. Geschützte Werke

I. Begriff des Werkes

Ein Eingriff in das Urheberrecht kommt von vornherein nicht in Betracht, wenn das Material, das gespeichert, nachgewiesen und/oder dem Benutzer zur Verfügung gestellt wird, nicht urheberrechtlich geschützt ist.
Urheberrechtsschutz besteht für Werke der Literatur, Wissenschaft oder Kunst, § 2 Abs. 1 UG. Werke im Sinne des Gesetzes sind nach § 2 Abs. 2 UG nur persönliche geistige Schöpfungen. Die Begründung zum Regierungsentwurf des Urheberrechtsgesetzes[51] definiert diese als Erzeugnisse, die durch ihren Inhalt oder durch ihre Form oder durch die Verbindung von Inhalt und Form etwas Eigentümliches darstellen.
Obwohl eine solche Voraussetzung in den früheren Urheberrechtsgesetzen nicht aufgeführt war, beabsichtigte man mit Einführung des § 2 Abs. 2 UG keine Änderung des Rechtszustandes[52]. Entsprechende Formulierungen wurden bereits früher von Rechtsprechung und Lehre gebraucht[53].
Nach der Rechtsprechung dürfen auf Grund der genannten Begriffe keine sehr weitgehenden Anforderungen an die zu schützenden Werke gestellt werden, insbesondere genießt auch die sogenannte „kleine Münze" Urheberrechtsschutz[54].
Gegen die Fortführung dieser Rechtsprechung sind in jüngster Zeit mehrfach Bedenken geäußert worden[55]. Es wird kritisiert, daß die Anforderungen der Rechtsprechung an persönliche geistige Schöpfungen auf verschiedenen Gebieten zu uneinheitlich, d. h. bei der kleinen Münze zu gering sind[56]. Der Streit betrifft aber die für die Dokumentation in Betracht kommenden Werke nicht, so daß sich eine Stellungnahme an dieser Stelle erübrigt.
Ein Beispiel für ein ungeschütztes sprachliches Erzeugnis, das für die Dokumentation in Betracht kommen kann, ist die kurze Tatsachennachricht, die keine individuelle Gestaltung erkennen läßt[57]. Wegen fehlenden Werkcharakters ungeschützt sind vor allem bibliographische Angaben[58]
Solange etwa nur Angaben gespeichert und ausgegeben werden, wie sie

---

51 Begründung zum Entwurf eines Gesetzes über Urheberrecht und verwandte Schutzrechte (Urheberrechtsgesetz), Bundestagsdrucksache IV/270 S. 38 1. Sp.
52 Begründung S. 38 l. Sp. = UFITA Bd. 45 (1965) S. 252.
53 Vgl. die Nachweise bei *Möhring/Nicolini*, Anm. 10 zu § 2 UG m. w. N.
54 Begründung S. 38 l. Sp. ; vgl. *Möhring/Nicolini*, Anm. 10 zu § 2 UG.
55 Vgl. *Hubmann* S. 36 f.; *Samson* S. 87 ff. und die dort S. 88 Genannten.
56 Zum Beispiel *Samson* S. 89.
57 Vgl. Begründung S. 66 r. Sp. und *Möhring/Nicolini* § 49 UG Anm. 12 m. w. N.
58 Vgl. *Ulmer* in GRUR 1971 S. 297 und Gutachten S. 42 f.

traditionell in einer Kartei enthalten sind, können dadurch keine Urheberrechte berührt sein.

II. Amtliche Werke

Auch Erzeugnisse, die den Anforderungen des § 2 UG genügen, also „Werke" darstellen, können vom Urheberschutz ausgenommen sein. § 5 UG stellt amtliche Werke vom Urheberschutz frei. Für die in Absatz 2 genannten Werke gilt das allerdings nur mit der Einschränkung, daß die Bestimmungen über Änderungsverbot und Quellenangabe (§§ 62 Abs. 1 bis 3, 63 Abs. 1 und 2 UG) entsprechend anzuwenden sind. Dies engt die Nutzungsmöglichkeit für Datenbanken jedoch nicht ein[59]. Die Bestimmungen des § 5 UG sind von großer praktischer Bedeutnug für wesentliche Bereiche der juristischen Dokumentation sowie für Regierungs-, Rundfunk- und Pressedatenbanken[60].

1. Begriff des Amtes in § 5 UG

Mit dem Begriff „amtlich" knüpft § 5 UG nach überwiegender Auffassung an den öffentlich-rechtlichen Amtsbegriff an[61]. Nach der Formulierung von Katzenberger[62] sind dementsprechend amtliche Werke im Sinne des Urheberrechts „alle Werke, die von einem Organ, einer Behörde oder einem „Amt" des Staates (Bund und Länder) einer sonstigen Körperschaft, Anstalt oder Stiftung des öffentlichen Rechts oder einer beliehenen Person des Privatrechts im Rahmen der Erfüllung öffentlicher Angelegenheiten herrühren".

Katzenberger meint[63], in der Literatur sei trotz der Übereinstimmung im Ausgangspunkt bisher nicht die Konsequenz gezogen worden, auch die Werke im Bereich der nicht obrigkeitlichen, sogenannten schlichten Hoheitsverwaltung sowie bei der Erfüllung öffentlicher Aufgaben in den Formen des Privatrechts als „amtliche" Werke zu verstehen[64]. Den Grund dafür sieht *Katzenberger* vor allem darin, daß die Ausdehnung des § 5

---

59 Vgl. u. S. 19; Goose in ÖVD 1973 S. 310; *Katzenberger* in GRUR 1973 S. 631 Anm. 29.

60 Vgl. *Katzenberger/Kolle* in Gesetzesplanung, insbesondere S. 190 ff. = Nachrichten für Dokumentation 23 (1972) S. 97 ff. und *Katzenberger* in GRUR 1972 S. 686 ff.

61 Vgl. zum Beispiel *von Gamm* Anm. 7 zu § 5 UG; *Möhring/Nicolini* Anm. 5 zu § 5 UG.

62 *Katzenberger* in GRUR 1972 S. 687.

63 *Katzenberger* in GRUR 1972 S. 687.

64 So aber ausdrücklich *von Gamm*, Anm. 8 zu § 5 UG.

UG auf alle Arten von Werken (gegenüber der Beschränkung des früheren Rechts auf amtliche „Schriften", die zu einer solchen Folgerung nicht gezwungen habe) noch nicht voll durchdacht worden sei. Aber auch früher sind Werke im Bereich der nicht obrigkeitlichen Verwaltung als „amtlich" angesehen worden[65]. Das galt zum Beispiel für amtliche Fahrpläne[66]. Die Freistellung der amtlichen Werke vom Urheberschutz ist nur nie so allgemein untersucht worden wie von *Katzenberger.* Man hat sich auf die Diskussion der wenigen Einzelfälle beschränkt, in denen die Reichweite der Freistellung in der Praxis umstritten war[67]. Das kann heute nicht mehr ausreichen. Zu Recht stellt *Katzenberger* in bezug auf das vorliegende Thema fest[68]: „Neue großangelegte Projekte der Verwertung urheberrechtlich relevanter Werke, wie Dokumentation und Information mit Hilfe von elektronischen Datenverarbeitungsanlagen ... stellen in neuer Aktualität ... die Frage nach dem urheberrechtlichen Schutz des verwerteten amtlichen Materials".

Den Begriff des amtlichen Werkes weit zu fassen, erscheint unbedenklich. In § 5 Abs. 1 UG ist wegen der Beschränkung auf „amtliche Erlasse und Bekanntmachungen sowie Entscheidungen und amtlich verfaßte Leitsätze zu Entscheidungen" eine zu weite Ausdehnung des Tatbestandes nicht zu befürchten. Auch in § 5 Abs. 2 UG handelt es sich nur um das erste Kriterium, das lediglich die Funktion hat, die Herkunft aus einem Amt und die Verantwortung des Amtes für das Werk[69] zur Mindestvoraussetzung für die Freistellung zu machen. Der weiteren Eingrenzung dienen die übrigen Tatbestandsvoraussetzungen.

2. Anwendungsbereich von § 5 Abs. 1 UG

Wenig Probleme wirft im vorliegenden Zusammenhang Absatz 1 des § 5 UG auf, der Gesetze, Verordnungen, amtliche Erlasse und Bekanntmachungen sowie Entscheidungen und amtlich verfaßte Leitsätze zu Entscheidungen von jedem urheberrechtlichen Schutz ausnimmt. Soweit die Abgrenzung zweifelhaft sein kann, wie zum Beispiel bei der Frage, was eine Bekanntmachung ist, erledigt sich das Problem für die Anwendung in Dokumentationssystemen zumeist dadurch, daß für die Grenzfälle

---

65 Eine Übersicht über „einzelne Beispiele für ein schon bisher vorhandenes sehr weitgehendes Verständnis der amtlichen Werke bzw. Schriften im Urheberrecht" gibt *Katzenberger* selbst: Katzenberger in GRUR 1972 S. 687.

66 So zum Beispiel *Ulmer,* Lehrbuch S. 125.

67 *Katzenberger* in GRUR 1972 S. 686.

68 *Katzenberger* in GRUR 1972 S. 686.

69 So BGH, Urteil vom 28. April 1972 – I ZR 108/70, Im Rhythmus der Jahrhunderte – GRUR 1972 S. 713 ff.

mindestens die Regelung des Absatzes 2 eingreifen wird. An sich ist zwar die Unterscheidung, ob es sich um ein amtliches Werk nach Absatz 1 oder Absatz 2 handelt nicht unerheblich, weil allein Absatz 2 trotz der grundsätzlichen Freistellung vom Urheberschutz die Bestimmungen über Änderungsverbot und Quellenangabe für anwendbar erklärt. Für die Speicherung in Datenbanken (sei es in einer elektronischen Datenverarbeitungsanlage oder in einem Mikrofilmarchiv) sowie bei den aufgrund der Speicherung in Betracht kommenden Kopien (Ausdrucke und Rückvergrößerungen) spielt diese Unterscheidung jedoch keine entscheidende Rolle[70]: Änderungen an den Werken werden entweder nicht vorgenommen oder es handelt sich um Auszüge, die nach § 62 Abs. 2 UG zugelassen sind. Den Anforderungen des § 63 Abs. 1 und 2 UG wird bei einem Dokumentationssystem ohnehin entsprochen, unabhängig davon, ob die Bestimmungen im Einzelfall anwendbar sind oder nicht.

3. Anwendungsbereich von § 5 Abs. 2 UG

a) Notwendigkeit der Einschränkung

Sehr viel schwieriger als die Auslegung des Absatzes 1 erweist sich die Ermittlung des Anwendungsbereichs von § 5 Abs. 2 UG. Unter welchen Voraussetzungen amtliche Werke „im amtlichen Interesse zur allgemeinen Kenntnisnahme veröffentlicht worden sind", ist sehr umstritten[71]. Sicher muß beabsichtigt sein, mit der Veröffentlichung die allgemeine Kenntnisnahme zu ermöglichen, und damit die Aufgaben und Obliegenheiten des Amtes zu fördern. *Von Gamm*[72] hält diese durch den Wortlaut vorgeschriebene Eingrenzung für ausreichend. Diese Ansicht wird jedoch durch *Katzenberger* widerlegt[73]. Er hat gezeigt, daß sie den Kreis der schutzlosen Werke derart auf bisher allgemein als geschützt angesehene Werke (zum Beispiel im Bereich von Lehre, Wissenschaft und Rundfunk) erstrecken würde, wie es mit der Neuregelung durch das Urhebergesetz gegenüber dem früheren Recht keinesfalls beabsichtigt war.

---

70 Vgl. *Goose* in ÖVD 1973 S. 310 = Sonderdruck S. 4; *Katzenberger* in GRUR 1973 S. 631 Anm. 29.

71 Vgl. zum Beispiel BGH, Urteil vom 28. April 1972 – I ZR 108/70, Im Rhythmus der Jahrhunderte, in GRUR 1972 S. 713 ff. (714); *Fromm/Nordemann* Anm. 3, 4 zu § 5 UG; 2. Auflage Anm. 2 zu § 5 UG; *von Gamm*, Anm. 8 zu § 5 UG; *Goose* in GRUR 1973 S. 6; *Hubmann* S. 173; *Katzenberger* in GRUR 1972 S. 690 ff.; *Katzenberger/Kolle* in Gesetzesplanung S. 192 = Nachr. Dok. (23) 1972 S. 98; *Lukes* S. 27 ff.; *Möhring/Nicolini* Anm. 6 zu § 5 UG.

72 *von Gamm* Anm. 8 zu § 5 UG.

73 *Katzenberger* in GRUR 1972 S. 689 ff.

Mit der ganz überwiegenden Ansicht[74] ist deshalb davon auszugehen, daß § 5 Abs. 2 UG einschränkend auszulegen ist.

b) Ansicht des BGH

Darüber, wie die Einschränkung vorzunehmen ist, besteht allerdings keine Einigkeit. Zunächst bedarf es einer Untersuchung der vom BGH vorgenommenen Begrenzung des § 5 Abs. 2 UG.
Auch der BGH betont[75], die Vorschrift setze mehr voraus als die Verfolgung öffentlicher Interessen mit der Herausgabe eines bestimmten Werkes. Der BGH verlangt deshalb, das amtliche Interesse müsse sich unmittelbar auf die Werkveröffentlichung selbst erstrecken und bereits darin und nicht erst in erhofften weiteren Wirkungen der Veröffentlichung seine Bestimmung und seinen Ausdruck finden. Die Aufgaben und Obliegenheiten des Amtes müßten unmittelbar durch die zur allgemeinen Kenntnisnahme bestimmte Veröffentlichung gefördert werden. Mit dieser Ansicht begründet der BGH, daß der Film „Im Rhythmus der Jahrhunderte" nicht im amtlichen interesse zur allgemeinen Kenntnisnahme veröffentlicht worden sei. Es handele sich bei dem für die Öffentlichkeitsarbeit und Nachwuchswerbung im Auftrag der Bundeswehr hergestellten Informationsfilm über die Geschichte der Militärmusik zwar um ein amtliches Werk, weil er aus einem Amt herrühre und dieses auch für den Film verantwortlich zeichne. An der Beschäftigung der Staatsbürger mit diesem Thema bestehe jedoch kein amtliches Interesse. Die mit der Filmvorführung erhoffte Werbewirkung für den Dienst im Musikkorps und die allgemeine Unterrichtung der Öffentlichkeit über eine interessante und kulturell bedeutsame Seite der Militärgeschichte als bloße sekundäre Folgen und Nebenwirkungen genügten den Anforderungen des § 5 Abs. 2 UG nicht.

c) Kritik der Ansicht des BGH

Während einige Autoren die Begründung des BGH übernehmen[76], wird sie von Katzenberger kritisiert[77]. Die Unterscheidung zwischen dem Interesse an der Veröffentlichung des Werkes als solcher und dem Interesse an der dadurch ermöglichten allgemeinen Kenntnisnahme erscheine

---

74 Vgl. die in Anm. 71 Genannten.
75 BGH, Urteil vom 28. April 1972 – I ZR 108/70, Im Rhythmus der Jahrhunderte, in GRUR 1972 S. 713 ff. (714).
76 So *Hubmann* S. 173; *Fromm/Nordemann* Anm. 4 zu § 5 UG.
77 *Katzenberger* in GRUR 1972 S. 690.

gekünstelt. Die Veröffentlichung eines Werkes sei niemals Selbstzweck, sie finde stets ihre eigentliche Rechtfertigung ausschließlich darin, daß das Werk zur Kenntnis genommen werden solle. Unmittelbar durch die Veröffentlichung ohne Rücksicht auf ein weiteres Ziel würden Aufgaben und Obliegenheiten einer Behörde nur dann gefördert, wenn es sich um Werke handele, deren Verkündung, Bekanntmachung oder sonstige Veröffentlichung gesetzlich vorgeschrieben sei. Diese Werke seien im wesentlichen durch § 5 Abs. 1 UG erfaßt, so daß für Absatz 2 der Bestimmung „nicht viel" bliebe, wenn man die Argumentation des BGH zu Ende denke.

Die Kritik *Katzenbergers* ist zutreffend. Würde man wirklich lediglich auf „das amtliche Interesse unmittelbar an der Werkveröffentlichung selbst" (so der amtliche Leitsatz) ohne Rücksicht auf eine beabsichtigte Kenntnisnahme durch die Öffentlichkeit abstellen, so wäre das auch kaum mit dem Wortlaut des § 5 Abs. 2 UG in Einklang zu bringen, der ja nicht nur eine Veröffentlichung im amtlichen Interesse verlangt, sondern eine Veröffentlichung „zur allgemeinen Kenntnisnahme" im amtlichen Interesse. Dieser Zusatz kann nur so verstanden werden, daß ein amtliches Interesse auch an der allgemeinen Kenntnisnahme bestehen muß.

Etwas anderes wird man insoweit auch der Argumentation des BGH nicht entnehmen dürfen, auch wenn er in den Gründen das geforderte amtliche Interesse an der Werkveröffentlichung selbst abgrenzt von einem seiner Ansicht nach nicht ausreichenden amtlichen Interesse, das „erst in erhofften weiteren Wirkungen der Veröffentlichung seine Bestimmung und seinen Ausdruck" findet[78]. Unter den „weiteren Wirkungen" ist wohl nicht die allgemeine Kenntnisnahme sondern eine dadurch hervorgerufene Reaktion der Öffentlichkeit gemeint. Auch bei diesem Verständnis läßt sich aber die vom BGH getroffene Unterscheidung nicht halten. Zielt die amtliche Zweckverfolgung auf eine Verhaltensweise der Allgemeinheit, die erst durch die allgemeine Kenntnisnahme aufgrund der Veröffentlichung ermöglicht wird, so besteht das amtliche Interesse auch an der Veröffentlichung zur allgemeinen Kenntnisnahme, weil diese für die Zweckerreichung notwendig ist. Zwischen Kenntnisnahme und weitergehenden amtlichen Zwecken besteht dann nicht ein vom BGH implizit angenommenes Entweder-Oder-Verhältnis, sondern ein Minus-Plus-Verhältnis.

Bei der Würdigung des Urteils ist zu berücksichtigen, daß es bei dem zu entscheidenden Fall um ein Filmwerk ging, also ein Werk, das früher wegen der Beschränkung des § 16 LitUG auf „Schriften" gar nicht als amtliches Werk in Betracht gekommen wäre und daß der BGH in der Litera-

---

78 Vgl. BGH in GRUR 1972 S. 714.

tur keine praktikablen Hilfen zur Abgrenzung der nach § 5 Abs. 2 UG schutzfreien amtlichen Werke vorfand. In diesem Zusammenhang ist besonders bemerkenswert, daß der BGH die Formeln nicht verwendet hat, es müsse ein „unmittelbares und dringendes öffentliches Interesse" an der freien Veröffentlichung[79] oder ein „unabwendbares amtliches Bedürfnis"[80] für die allgemeine Kenntnisnahme bestehen. Dies ist umso erstaunlicher, als der BGH insoweit an seine eigene Rechtsprechung hätte anknüpfen können und als sich mit den genannten Formeln das vom BGH gewonnene Ergebnis leicht und jedenfalls widerspruchslos hätte begründen lassen. Man wird deshalb annehmen dürfen, daß der BGH diese Formeln für die Auslegung des § 5 Abs. 2 UG ablehnt.
Wenn der BGH in der Begründung einen neuen Weg beschreitet, sich dabei aber einer Formel bedient, die – wie gezeigt – in sich selbst widersprüchlich ist, rechtfertigt das die weitere Annahme, daß es dem Gericht sehr viel mehr um die angemessene Entscheidung des Einzelfalls ging, als um die Zurverfügungstellung allgemeiner Kriterien für zukünftige Fälle. Diese Wertung des Urteils wird gestützt durch die Art, in welcher der BGH die von der Vorinstanz festgestellten Tatsachen unter den von ihm aufgestellten Obersatz subsumiert, das amtliche Interesse müsse sich unmittelbar auf die Werkveröffentlichung selbst erstrecken und nicht erst in erhofften weiteren Wirkungen der Veröffentlichung seine Bestimmung und seinen Ausdruck finden. Einerseits wird nämlich gesagt, obwohl das Thema des Films allgemeines Interesse beanspruchen könne, bestehe doch kein amtliches Interesse daran, daß sich der Staatsbürger mit der Geschichte der Militärmusik befasse. Diese Feststellung zeigt, daß der BGH, worauf oben schon hingewiesen wurde[81], tatsächlich ein amtliches Interesse gerade auch an der allgemeinen Kenntnisnahme verlangt. Sonst würde diese tatsächliche Feststellung überflüssig sein und nicht die ihr erkennbar zugedachte entscheidungstragende Bedeutung haben. Andererseits wird in den folgenden Ausführungen des BGH die Unterrichtung der Öffentlichkeit über das im Film behandelte Thema ebenso wie die mit der Filmvorführung erhoffte Werbewirkung zu den bloß sekundären Folgen und Nebenwirkungen gerechnet, bei denen ein an ihnen bestehendes amtliches Interesse für die Anwendung des § 5 Abs. 2 UG nicht ausreicht. Die Inkonsequenz der Subsumtion relativiert die prä-

---

79 So der BGH, Urteil vom 3. Juli 1964 – I b ZR 146/62 – Stadtplan, in NJW 1964 S. 2153 ff. (2154) = UFITA Bd. 43 (1964) S. 156 ff. (158), zu § 16 LitUG.

80 So *Möhring/Nicolini* für § 5 Abs. 2 UG, Anm. 6 b) zu § 5 UG. In der Stadtplan – Entscheidung, auf die *Möhring/Nicolini* verweisen, spricht der BGH von einem „unabweisbaren" amtlichen Bedürfnis. S. BGH in NJW 1964 S. 2154 = UFITA Bd. 43 (1964) S. 158.

81 Vgl. o. S. 21.

judizielle Bedeutung des vom BGH aufgestellten, schon in sich widersprüchlichen Obersatzes zusätzlich. Eine generelle Abgrenzung der nach § 5 Abs. 2 UG freigestellten Werke, wie sie insbesondere für die praktische Handhabung in Dokumentationssystemen von Bedeutung ist, wird deshalb nicht von der Argumentation des BGH ausgehen können.

d) Ansicht Katzenbergers

Eine solche generelle Abgrenzung ist bisher, soweit ersichtlich, allein von *Katzenberger*[82] vorgenommen worden, der dabei den Kreis der freigestellten Werke sehr eng zieht. Nach seiner Ansicht zielt die Vorschrift im wesentlichen auf die ungehinderte Publikation rechtserheblicher Vorgänge im Bereich öffentlicher Organe und Behörden[83]. Entscheidend sei auf die Rechtstellung des Staatsbürgers abzustellen. Was sie betreffe, sei urheberrechtsfrei[84].
Zu den unmittelbar rechtserheblichen Informationen zählt *Katzenberger*[85] beispielsweise allgemeinverständliche Belehrungen über gesetzliche Rechte und Pflichten wie Steuerfibeln der Finanzverwaltung, Merkblätter für die Abgabe von Steuererklärungen, Tätigkeitsberichte von Behörden wie die Berichte des Bundeskartellamts oder der Komission der Europäischen Gemeinschaften, auch Mitteilungen von behördlichen Pressestellen, wenn sie die Entscheidungstätigkeit der Behörde zum Gegenstand haben. Nicht erfaßt von § 5 Abs. 2 UG werde dagegen der Bereich der schlichten Hoheitsverwaltung wie zum Beispiel wissenschaftliche Tätigkeiten staatlicher Anstalten, der Ausbildungsbereich, die staatliche Information allgemeiner Art und die Unterhaltung durch Rundfunkanstalten, technische Aktivitäten, Öffentlichkeitsarbeit. Deshalb sollen zum Beispiel amtliche Statistiken, Kartenwerke, Informationsschriften für Gastarbeiter oder Anleitungen für die Früherkennung von Krankheiten dem Urheberschutz unterliegen. Eine andere Beurteilung könne bei Broschüren zu besonders akuten Gefahrenlagen angezeigt sein.

e) Kritik der Ansicht Katzenbergers

Bei der Abgrenzung, die *Katzenberger* im einzelnen vornimmt, hält er seinen Grundgedanken nicht streng durch. Sonst dürfte etwa eine Steuerfibel nicht unter § 5 Abs. 2 UG fallen, denn nicht sie, sondern die Steuer-

---

82 *Katzenberger* in GRUR 1972 S. 688 ff.
83 *Katzenberger* in GRUR 1972 S. 691.
84 *Katzenberger* in GRUR 1972 S. 692.
85 *Katzenberger* in GRUR 1972 S. 692 f.

gesetze bestimmen die Rechtsstellung des Staatsbürgers. Die Steuerfibel dagegen wird nur zur Aufklärung über die Rechtslage zur Verfügung gestellt, und zwar im Wege schlichthoheitlichen Handelns, das doch dem Grundgedanken nach nicht von § 5 Abs. 2 UG erfaßt werden soll.
Würde Katzenberger streng darauf abstellen, was für die Rechtsstellung des Bürgers im eigentlichen Sinn maßgebend ist, so ginge der Anwendungsbereich des § 5 Abs. 2 UG über den des Abs. 1 kaum hinaus, ein Ergebnis, das *Katzenberger* (als Konsequenz der Ansicht des BGH) ausdrücklich ablehnt[86]. Nach *Katzenbergers* Abgrenzung im einzelnen fällt also mehr unter den Tatbestand des § 5 Abs. 2 UG, als nach der Formulierung des Ausgangspunkts angenommen werden könnte. Dennoch erweist sich der Kreis der nach dieser Ansicht vom Urheberschutz freigestellten Werke als zu eng[87].
Warum soll z. B. ein Merkblatt über die gesetzliche Pflicht zu einer Schutzimpfung anders beurteilt werden als eines, das über die Gefahren des Rauchens oder die Früherkennung von Krebs aufklärt, wenn beide von einem Gesundheitsministerium herausgegeben sind? Die Rechtsstellung des Bürgers ist nur im ersten Fall betroffen, aber von seinem Interesse an Information über Gesundheitsgefahren und ihre Bekämpfung her erscheint die Differenzierung als nicht gerechtfertigt. Das Gesundheitsministerium erfüllt mit beiden Merkblättern in gleicher Weise seine Aufgaben, beide Informationen liegen gleichermaßen im öffentlichen Interesse.
Für die Wertungsungleichheit bietet das Gesetz keinen hinreichenden Anhalt. Insbesondere findet sich im Wortlaut der Vorschrift keine Andeutung für die von *Katzenberger* vorgenommene Differenzierung.
Die Freistellung amtlicher „Werke“ enthält vielmehr nach zutreffender allgemeiner Auffassung eine Bezugnahme auf die in § 2 UG genannten

---

86 *Katzenberger* in GRUR 1972 S. 690.

87 Unberechtigt ist es, wenn *Fromm/Nordemann*, Anm. 4 zu § 5 UG, die Lehre Katzenbergers als unpraktikabel kritisieren. Fromm/Nordemann meinen, entgegen Katzenberger sei das Vorliegen eines dringlichen, unabweisbaren amtlichen Interesses an der Kenntnisgabe des Werkes gegenüber der Allgemeinheit nicht Voraussetzung; der Zivilrichter könne diese Kriterien ohnehin nicht nachprüfen. Der Einwand trifft die Auffassung Katzenbergers nicht. Denn Katzenberger knüpft mit dem genannten Erfordernis in seinen historischen Darlegungen an die Auslegung des BGH von § 16 LitUG an. Katzenberger wertet es als Kennzeichen für die „eingeschränkte Bedeutung“ auch des § 5 Abs. 2 UG und nimmt es lediglich als Ausgangspunkt oder Richtschnur, um zu dem oben widergegebenen, sehr viel präziseren Maßstab zu kommen, dem Fromm/Nordemann keine vergleichbare Formel entgegensetzen. Die von Fromm/Nordemann kritisierte Formulierung wird von *Möhring/Nicolini*, Anm. 6 b) zu § 5 UG – aber auch nur als „Richtschnur“ – vorgeschlagen.

Werkarten[88]. Die Auslegung darf deshalb den Anwendungsbereich für die Vorschrift nicht so einengen, daß die in § 2 Abs. 1 Ziff. 2 bis 6 UG genannten Gattungen praktischen nie unter § 5 Abs. 2 UG fallen können[89].

f) Historische Argumente

Die oben genannte Überlegung ist nicht nur ein systematisches, sondern auch ein historisches Indiz, dem Katzenberger innerhalb seiner vorwiegend historischen Argumentation nicht genug Bedeutung zumißt. Denn die frühere Vorschrift des § 16 LitUG beschränkte die Ausnahme auf amtliche „Schriften". Auch die erweiternde Auslegung der Rechtsprechung verstand darunter nur die früher durch § 1 Abs. 1 Nrn. 1 und 3 LitUG, heute durch § 2 Abs. 1 Nrn. 1 und 7 UG erfaßten Werke[90]. Es kann daher keine Rede davon sein, daß die Fassung des § 5 Abs. 2 UG etwa nur die frühere Rechtsprechung habe sanktionieren wollen.
Die Absicht des historischen Gesetzgebers des UG, den Anwendungsbereich des § 5 Abs. 2 UG gegenüber § 16 LitUG zu erweitern[91], dürfte auch in der historisch bestimmten Auslegung schwerer wiegen als die Argumente, die Katzenberger[92] aus der weiter zurückliegenden Geschichte der Freistellung amtlicher Werke gewinnt. Daß das LitUG von 1901 die Freistellung amtlicher Werke gegenüber dem LitUG von 1870 (§ 7 c) eingeschränkt hat[93], besagt wenig, wenn das UG insoweit eindeutig eine Erweiterung bringt.
Deshalb darf auch aus der Tatsache, daß der Bundesgerichtshof in der Stadtplan-Entscheidung[94] unter Herrschaft des LitUG für die Freistellung ein unmittelbares und dringendes öffentliches Interesse an der Unterrichtung der Öffentlichkeit verlangt hat, nicht zu viel hergeleitet werden. Denn zum einen hat der Bundesgerichtshof diese Formulierung bei der Auslegung des § 5 Abs. 2 UG nicht mehr verwendet[95]. Zum anderen darf

---

88 Vgl. z. B. *von Gamm*, Anm. 6 zu § 5 UG; *Möhring/Nicolini*, Anm. 6 a) zu § 5 UG.

89 Nach Katzenbergers Lehre würde sich die Freistellung der genannten Werkarten wohl auf den Verwaltungsbericht des Kreises Unna beschränken, der mit Musik und Pantomime der Bevölkerung nahegebracht wurde, vgl. Die Welt vom 1. Nov. 1969: „Mit Beat und Go-Go-Girls legte die Verwaltung Rechenschaft ab".

90 Vgl. Begründung S. 39 rechte Spalte; *Möhring/Nicolini*, Anm. 6 a zu § 5 UG.

91 Begründung S. 39 rechte Spalte = UFITA Bd. 45 (1965) S. 253.

92 *Katzenberger* in GRUR 1972 S. 690 f.

93 Vgl. *Katzenberger* in GRUR 1972 S. 691.

94 BGH, Urteil vom 3. Juli 1964 - I b ZR 146/62 - Stadtplan, NJW 1964 S. 2153 ff. = UFITA Bd. 43 (1964) S. 156 ff.

95 Vgl. o. S. 22.

nicht außer acht gelassen werden, daß die vom Bundesgerichtshof früher gebrauchte Formel bei der Auslegung der anderslautenden Norm des § 16 LitUG[96] eine ganz andere Funktion hat als bei einer Anwendung auf § 5 Abs. 2 UG. § 16 LitUG beschränkte die Freistellung vom Urheberschutz auf amtliche Schriften, die zum „amtlichen Gebrauch" hergestellt sind. Wie *Katzenberger* selbst hervorhebt, war dabei gedacht an Schriften, die ausschließlich oder überwiegend für den Gebrauch im Amt bestimmt waren. Wenn man überhaupt die Anwendung der Vorschrift auch auf solche Schriften für möglich hielt, die überwiegend der Unterrichtung der Öffentlichkeit dienten, so handelte es sich demnach um eine ausdehnende Auslegung. Um diese mit dem Wortlaut in Einklang zu halten, war es zur Begrenzung der Ausdehnung erforderlich, ein Kriterium wie „unmittelbares und dringendes öffentliches Interesse"[97] oder „nachweisbares amtliches Bedürfnis"[98] zu verwenden. Die Formel hatte also unter der Herrschaft des alten Rechts die Funktion, eine extensive Auslegung zur Erzielung eines interessengemäßen Ergebnisses[99] zu begründen. Auf § 5 Abs. 2 UG angewendet, würde sie dagegen restriktiv wirken.
Auch wenn man die Formulierungen des BGH in der Stadtplan-Entscheidung losgelöst von der anderen gesetzlichen Grundlage sieht, kann die Entscheidung nicht zur Stützung der Lehre herangezogen werden, daß Schriften, die überwiegend der Unterrichtung oder Belehrung des Publikums dienten, generell nicht vom Urheberschutz ausgenommen werden sollten. Zwar gehört der Stadtplan, über den der BGH zu befinden hatte und bei dem er eine Freistellung vom Urheberschutz nicht für gerechtfertigt hielt, in die genannte Kategorie von Werken. Aber das war für die Entscheidung nicht maßgeblich. Vielmehr wurde ausschließlich darauf abgehoben[100], daß zum privaten Gebrauch des Publikums bestimmte Werke dann nicht urheberschutzfrei seien, wenn der private Gebrauch keine für die Erfüllung öffentlicher Aufgaben unentbehrliche Notwendigkeit darstelle. Es findet sich keinerlei Andeutung dafür, daß eine solche Notwendigkeit etwa generell oder auch nur überwiegend bei Schriften zur Unterrichtung des Publikums zu verneinen sei.

---

96 § 16 LitUG hatte folgenden Wortlaut: „Zulässig ist der Abdruck von Gesetzesbüchern, Gesetzen, Verordnungen, amtlichen Erlassen und Entscheidungen sowie von anderen zum amtlichen Gebrauche hergestellten amtlichen Schriften." Soweit ein Werk danach ohne Einwilligunng des Berechtigten vervielfältigt werden durfte, war nach § 26 LitUG auch die Verbreitung, die öffentliche Aufführung sowie der öffentliche Vortrag zulässig.

97 BGH in NJW 1964 S. 2154 linke Spalte = UFITA Bd. 43 (1964) S. 158.

98 BGH in NJW 1964 S. 2154 rechte Spalte = UFITA Bd. 43 (1964) S. 158.

99 Vgl. BGH in NJW 1964 S. 2154 rechte Spalte = UFITA Bd. 43 (1964) S. 157 f.

100 BGH in NJW 1964 S. 2154 = UFITA Bd. 43 (1964) S. 158.

Entgegen der Ansicht *Katzenbergers* kann daher die von ihm vorgenommene weitgehende Einschränkung des § 5 Abs. 2 UG nicht mit der Geschichte seiner Vorläufer und der dazu ergangenen Rechtsprechung begründet werden.
Aus der unmittelbaren Entstehungsgeschichte läßt sich aber entnehmen, daß die subjektive Ansicht der Behörde für die Beurteilung nach § 5 Abs. 2 UG nicht maßgebend sein kann[101]. Im Regierungsentwurf des UG enthielt nämlich Satz 1 der Bestimmung am Ende einen Halbsatz, wonach die jetzt im Gesetz ausnahmslos angeordnete Freistellung nur dann gelten sollte, „wenn die Werke nicht mit einem Vorbehalt der Rechte versehen sind". Mit dieser Vorbehaltsmöglichkeit wollte man solchen Fällen Rechnung tragen, in denen „die Behörde zwar eine möglichst weite Verbreitung des Gesetzes wünscht, dennoch aber ein Interesse daran hat, den Nachdruck des Werkes zu überwachen, etwa weil ein ungenauer oder entstellter Nachdruck besonders nachteilige Folgen haben würde"[102].
Der Vorbehalt wurde in das Gesetz nicht übernommen, um zu verhindern, daß die Behörde mit seiner Hilfe fiskalische Interessen verfolgen könnte[103]. (Statt dessen wurde in § 5 Abs. 2 S. 2 UG dem Gebot der Quellenangabe das Änderungsverbot hinzugefügt.) Es darf daher weiter angenommen werden, daß auch fiskalische Interessen bei der Bestimmung des amtlichen Interesses im Sinne von § 5 Abs. 2 UG außer Betracht zu bleiben haben.

g) Systematische Argumente

Ein Gesichtspunkt für die Einschränkung ergibt sich weiterhin aus einem von Katzenberger genannten systematischen Argument[104]. Es ist zu berücksichtigen, in welcher Weise das Gesetz in § 45 ff. die Schranken des Urheberrechts geregelt hat.
Aus den Regelungen für Schulfernsehsendungen (§ 47 UG) oder für

---

101 Daher ist ein Vermerk des Amtes etwa auf einer amtlichen Schrift, durch den auf den Urheberschutz hingewiesen oder ein solcher verneint wird, nicht maßgebend. Vgl. auch den Fall des BGH – Im Rhythmus der Jahrhunderte –, GRUR 1972 S. 713 ff., in dem das Amt von der Anwendbarkeit von § 5 Abs. 2 UG ausging, der BGH diese aber verneinte. Die Ansicht des Amtes kann daher höchstens als Indiz von Bedeutung sein, vgl. dazu *von Gamm*, Anm, 8 zu § 5 UG; außerdem kann z. B. in einem Vermerk die generelle Zustimmung zur Vervielfältigung, Verbreitung und Wiedergabe liegen, vgl. dazu unten unter B IV, S. 43.

102 Begründung S. 39 = UFITA Bd. 45 (1965) S. 253 f.

103 *Möhring/Nicolini*, Anm. 1 a zu § 5 UG mit Hinweis auf den Rechtsausschußbericht von Reischl S. 2, letzte Spalte = UFITA Bd. 46 (1966) S. 176.

104 *Katzenberger* in GRUR 1972 S. 691.

Rundfunkkommentare (§ 49 UG) läßt sich entnehmen, daß das Urheberrecht für diese (nach dem allgemein vertretenen weiten Amtsbegriff zum großen Teil: amtlichen) Werke nicht schon nach § 5 Abs. 2 UG ausgeschlossen sein kann. Die Anwendung von § 5 Abs. 2 UG wird dadurch aber nur für den Bereich ausgeschlossen, in dem diese Vorschriften anwendbar sind, sowie für solche Fälle, in denen öffentliche, amtliche und Urheberinteressen gleich zu bewerten sind. Damit läßt sich entgegen *Katzenberger*[105] ein genereller Ausschluß aller Werke zur Information, Unterrichtung, Belehrung und Meinungsbildung nicht rechtfertigen.
Eine Grenze für die Restriktion ergibt sich deutlich aus einem Unterschied zwischen § 5 Abs. 2 UG und dem früheren Recht des § 16 LitUG: Die Ausdehnung der Freistellung von Schriften auf alle Arten von „Werken" darf nicht durch die einschränkende Auslegung der folgenden Tatbestandsmerkmale hinweginterpretiert werden[106]. Ebenso kann es nicht angehen, die durch die allgemein für richtig gehaltene Übernahme des öffentlich-rechtlichen Amtsbegriffes erfolgte Einbeziehung aller Arten von Ämtern durch die Auslegung des übrigen Tatbestandes gegenstandslos zu machen. Auch der Versuch, durch die Festlegung sachlich bestimmter Arten von Aufgaben den Anwendungsbereich der Vorschrift einzuschränken, ist deshalb nicht zu billigen, weil es für alle Arten von Aufgaben (einschließlich der Öffentlichkeitsarbeit im Sinne von Public Relations) öffentliche Ämter gibt, die auf diese Weise nicht generell von der Anwendung der Vorschrift ausgenommen werden dürfen.

h) Interessenanalyse

Zusätzlich zu den genannten, für die Eingrenzung des Tatbestandes des § 5 Abs. 2 UG maßgeblichen Überlegungen kann sich ein entscheidender Gesichtspunkt aus der Analyse der von einer Freistellung von Urheberschutz betroffenen Interessen ergeben.
Zunächst ist festzustellen, daß durch die Regelung des § 5 Abs. 2 UG drei verschiedene Interessen berührt werden oder berührt werden können. Es gibt zunächst ein öffentliches Interesse, das in der Vorschrift nicht ausdrücklich erwähnt ist, aber doch in der Voraussetzung der Veröffentlichung zur allgemeinen Kenntnisnahme Anklang findet und das, wie sich aus der Nichterstreckung der Vorschrift auf inneramtliche Werke ergibt, für die Regelung entscheidend war. Es handelt sich um das Interesse am allgemeinen, unbeschränkten Zugang zu Werken, die für die Allgemeinheit von Bedeutung sind. Dabei kann das Interesse – je nach dieser Be-

---

105 *Katzenberger* in GRUR 1972 S. 691, 692.
106 Vgl. oben S. 24 f.

deutung – unterschiedlich groß sein. Im Interesse der Rechtssicherheit sollten die damit angedeuteten Unterschiede bei der Auslegung jedoch möglichst nicht berücksichtigt werden[107].
Die Freistellung vom urheberrechtlichen Schutz kann weiterhin die Interessen der Urheber der Werke berühren[108]. Als solche kommen nach dem UG immer nur natürliche Personen in Betracht, so daß das Amt nicht selbst Urheber sein kann. Diese Interessen der Urheber spielen praktisch keine große Rolle, wenn das Werk von Angestellten oder Beamten des Amtes stammt und diese dem Amt die Nutzungsrechte übertragen haben. Das ist in den meisten Fällen der Fall, weil sich die Übertragung nach § 43 UG ohne weitere Vereinbarung bereits aus dem Inhalt oder dem Wesen des Arbeits- oder Dienstverhältnisses ergeben kann[109]. Soweit die Rechte auf das Amt als Arbeitgeber bzw. Dienstherrn übergegangen sind, sind sie ohne weiteres als amtliche Interessen zu berücksichtigen. Soweit eine Übertragung nicht erfolgt ist, kann der persönliche Urheber durch die Anwendung von § 5 Abs. 2 UG betroffen sein[110]. Auch diese Interessen gegen eine schutzlose Veröffentlichung können bei der Bewertung der amtlichen Interessen berücksichtigt werden. Dies mag insbesondere auf Gebieten gelten, in denen mehr als sonst Urheber außerhalb des Amtes mitwirken und deren Urheberrechte traditionell praktische Bedeutung haben. Hier könnte das Eingreifen von § 5 Abs. 2 UG den Amtsinteressen z. B. dadurch zuwiderlaufen, daß die Gewinnung von qualifizierten Mitarbeitern und Fachleuten erschwert würde. Dieser Gesichtspunkt trifft z. B. auch für die Bereiche zu, die nach §§ 45 ff. erkennbar dem Urheberschutz vorbehalten sind, gilt aber darüber hinaus auch für die Gebiete der Wissenschaft und der Ausbildung.

i) Bedeutung des amtlichen Interesses

Die bisherigen Überlegungen deuten ebenso wie der Wortlaut des § 5 Abs. 2 UG darauf hin, daß der Angelpunkt für die Entscheidung über die Freistellung vom Urheberschutz bei der Feststellung der amtlichen Interessen liegt.

---

107 Vgl. *Fromm/Nordemann*, Anm. 4 zu § 5 UG.
108 Vgl. dazu *Lukes* S. 28.
109 Zur Kritik an § 43 UG vgl. neuestens *Samson* S. 151 f.
110 Entgegen der Ansicht *von Gamms*, Anm. 6 zu § 5 UG, ist die Anwendung von § 5 Abs. 2 UG in einem solchen Fall nicht grundsätzlich ausgeschlossen. Gegen von Gamm: *Katzenberger* in GRUR 1972 S. 692, Anm. 54. Vielmehr hängt das Urheberrecht von der Beurteilung nach § 5 Abs. 2 UG ab, so BGH – Im Rhythmus der Jahrhunderte – in GRUR 1972 S. 714.

Wie bereits zu Anfang festgestellt wurde[111], muß es sich dabei um mehr handeln als die amtlichen Interessen, ohne die ein Amt überhaupt keine Veröffentlichung vornehmen würde. Für die nähere Bestimmung des amtlichen Interesses im Sinne von § 5 Abs. 2 UG ist daher innerhalb der insgesamt gegebenen amtlichen Interessen zu differenzieren. Die Differenzierung erfordert eine Berücksichtigung der Rechtsfolge des § 5 Abs. 2 UG. Nicht ob ein amtliches Interesse an der Veröffentlichung des Werkes besteht, ist also zu fragen, sondern ob ein amtliches Interesse an der Veröffentlichung gerade mit der Rechtsfolge des § 5 Abs. 2 UG besteht, also an einer Veröffentlichung, die keinem Urheberschutz unterliegt mit Ausnahme des Gebots der Quellenangabe und des Änderungsverbots bei weiteren Nutzungen. Das amtliche Interesse kann sehr unterschiedlich sein, was die Art der Veröffentlichung anbelangt und den Weg, den das Werk nach der Veröffentlichung nimmt. Für die Erreichung der amtlichen Zielsetzung kann es einen entscheidenden Unterschied bedeuten, ob das Werk – im Fall des § 5 Abs. 2 UG – ungehindert, aber dann auch unkontrolliert den Weg zur Allgemeinheit nimmt, oder ob der Urheberschutz der Verbreitung gewisse Grenzen setzt, dafür aber das mit der Veröffentlichung verfolgte Ziel über eine durch die urheberrechtlichen Befugnisse ermöglichte Steuerung besser erreicht werden kann.
Die Notwendigkeit einer Differenzierung unter diesem Gesichtspunkt hätte sich noch sehr viel deutlicher gezeigt, wenn nicht im Fall des § 5 Abs. 2 UG nachträglich[112] das Änderungsverbot des § 62 Abs. 1 bis 3 UG für anwendbar erklärt worden wäre. Es liegt auf der Hand, daß dann das Werk in der Öffentlichkeit in einer Weise hätte verwertet werden können, die dem amtlichen Interesse zuwider gelaufen wäre oder die Erreichung der amtlichen Zielsetzung teilweise unmöglich gemacht hätte. Man denke z. B. an Werbefilme oder Broschüren etwa der Bundeswehr, deren Aufteilung oder Entstellung zur Verwendung innerhalb von Propaganda mit entgegengesetzter Zielrichtung urheberrechtlich nicht hätte unterbunden werden können.
Auch wenn mit der Einfügung des Änderungsverbots gewisse Mißbrauchsmöglichkeiten ausgeschlossen sind, müssen die amtlichen Interessen durchaus nicht auf eine ungehinderte Verbreitung gerichtet sein.

j) Ergebnis

Der Anknüpfungspunkt für die hier vertretene Interessenbewertung läßt sich im Tatbestand des § 5 Abs. 2 UG darin finden, daß dort eine im amt-

---

111 Vgl. oben S. 19.
112 Vgl. oben S. 27.

lichen Interesse vorgenommene Veröffentlichung zur „allgemeinen" Kenntnisnahme verlangt wird.
Da der Begriff der Veröffentlichung nach der Legaldefinition in § 6 Abs. 1 UG bereits das Zugänglichmachen für die Öffentlichkeit voraussetzt, liegt in dem Erfordernis der „allgemeinen" Kenntnisnahme eine weitergehende Voraussetzung, auf die sich, wie bereits erwähnt[113], das amtliche Interesse erstrecken muß. Diese Voraussetzung läßt sich mit Blick auf die Rechtsfolge des § 5 Abs. 2 UG zwangslos verstehen als im amtlichen Interesse liegende, „durch das Urheberrecht bis auf Änderungsverbot und Gebot zur Quellenangabe nicht eingeschränkte" Kenntnisnahme. Diese Interpretation des amtlichen Interesses findet eine Stütze in der Begründung zum Regierungsentwurf des UG, in der das amtliche Interesse einmal[114] incidenter als Wunsch der Behörde nach möglichst weiter Verbreitung umschrieben wird.
Nach der hier vertretenen Auffassung umfaßt die Freistellung vom Urheberrechtsschutz durch § 5 Abs. 2 UG den gesamten von Katzenberger[115] umschriebenen Bereich, ist jedoch auf diesen nicht beschränkt. Damit werden in den meisten Fällen z. B. die von Katzenberger ausgeklammerten Informationsschriften für Gastarbeiter oder zur Früherkennung von Krankheiten unter § 5 Abs. 2 UG fallen, weil sie von der Interessenbewertung keine andere Beurteilung verdienen[116].

k) Anwendungsbeispiele

Daß die hier vertretene Ansicht eine interessengerechte Lösung ermöglicht, zeigt sich auch bei der Beurteilung der Mitteilungen von Presse- und Informationsämtern. *Katzenberger* hält sie nicht für schutzfrei[117], weist aber auf die Möglichkeit hin[118], daß durch die Veröffentlichung die Wiedergabe solcher Mitteilungen freigegeben sein könne. Letzteres ist durch Auslegung zu ermitteln, wobei es praktisch darauf ankommt, ob die ungehinderte Verbreitung dem Interesse des Amtes entspricht. Das

---

113 Vgl. oben S. 21.

114 Begründung S. 39, letzter Absatz = UFITA Bd. 45 (1965) S. 253 f.

115 *Katzenberger* in GRUR 1972 S. 692 ff.

116 Vgl. *Fromm/Nordemann*, Anm. 4 zu § 5 UG, die zum amtlichen Interesse auch das Interesse rechnen, welches der Staat an der Erfüllung seiner sozialstaatlichen Verpflichtung zur Daseinsvorsorge (Art. 20 Abs. 1 GG) hat; zustimmend *Goose* in GRUR 1973 S. 6.

117 *Katzenberger* in GRUR 1972 S. 692, rechte Spalte.

118 *Katzenberger* in GRUR 1972 S. 692, Anm. 56; vgl. dazu *Goose* in GRUR 1973 S. 6; *Hubmann* S. 190; *Köhler* S. 83; *Ulmer*, Lehrbuch S. 294 und Programme S. 18.

ist aber die gleiche Frage, die für die Anwendung des § 5 Abs. 2 UG zu beantworten ist.
Eine unterschiedliche Beurteilung ist z. B. möglich, weil die Freigabe durch Gestattung sich im Einzelfall auf eine bestimmte Nutzung beschränken und damit weniger weit reichen kann als die Freistellung nach § 5 Abs. 2 UG. Außerdem hängt die Gestattung, wenigstens im Ausgangspunkt, vom subjektiven Willen des Amtes ab, auf den nach § 5 Abs. 2 UG gerade nicht abgestellt werden darf[119]. Dieser Unterschied verschwimmt aber bereits in der praktischen Wertung: Man muß sich bei der Gestattung mit einem vermuteten Willen behelfen und wird bei der objektiven Wertung nach § 5 Abs. 2 UrhG auf subjektive Indizien nicht verzichten können[120]. Wenn wegen dieser Besonderheiten im Einzelfall die Freistellung nach § 5 Abs. 2 UG nicht angebracht ist, läßt sich das nach der hier vertretenen Ansicht ohne weiteres berücksichtigen. Dagegen erscheint es nicht interessengerecht, wenn *Katzenberger* die genannten Schriften grundsätzlich von § 5 Abs. 2 UG ausnehmen will, obwohl die Vorschrift doch gerade auch auf das amtliche Interesse an ungehinderter Verbreitung abstellt.
Zum Abschluß soll gezeigt werden, wie sich die im Ergebnis bisher allgemein gebilligte[121] BGH-Entscheidung zum Film „Im Rhythmus der Jahrhunderte"[122] mit den hier vorgeschlagenen Kriterien begründen läßt. Zur Abgrenzung sei dem die Beurteilung einer vom Gesundheitsministerium herausgegebenen Informationsschrift über die Gefahren des Rauchens[123] vorangestellt. Mit einer solchen Schrift verfolgt das Gesundheitsministerium das Ziel, die Gesundheitsgefahren durch das Rauchen zu bekämpfen. Sie muß dabei an größter Breitenwirkung interessiert sein, weil mit größerer Verbreitung entsprechender Kenntnisse eine zunehmende Wahrscheinlichkeit zu erwarten oder wenigstens zu erhoffen ist, daß der Tabakgenuß zurückgeht. Wenn die Kenntnisse mit Hilfe der Schrift verbreitet werden sollen, kann man von einem amtlichen Interesse an ihrer ungehinderten Verbreiterung ausgehen.
Dagegen läßt sich nicht annehmen, daß die Wirkung eines Films, mit dem Nachwuchs für eine spezielle Tätigkeit in der Bundeswehr geworben werden soll, mit zunehmender Verbreitung und Ausführung auch einen zunehmenden Erfolg hat. Hier können nur bestimmte Altersgruppen, die eventuell noch bestimmte Vorkenntnisse haben müssen, mit Aussicht auf

---

119 Vgl. oben S. 27.
120 Vgl. oben S. 20 f.
121 *Fromm/Nordemann*, Anm. 4 zu § 5 UG; *Hubmann* S. 173; *Katzenberger* in GRUR 1972 S. 690.
122 BGH in GRUR 1972 S. 713 ff.; vgl. oben S. 42 f.
123 Vgl. *Fromm/Nordemann*, Anm. 4 zu § 5 UG.

die erhoffte Wirkung angesprochen werden. Und auch bei diesem begrenzten Adressatenkreis kann der Erfolg von weiteren Umständen, wie z. B. dem Rahmen der Aufführung, entscheidend abhängen. Es kann daher nicht angenommen werden, daß ein amtliches Interesse an ungehinderter Verbreitung des Werkes besteht.

4. Einordnung von Tarifverträgen

Sehr streitig ist die Frage, inwieweit § 5 UG auf private Normenwerke angewendet werden kann[124]. Das Bundesarbeitsgericht[125] beurteilt beispielsweise Tarifverträge ausnahmslos nach § 5 Abs. 1 UG, während *Fromm/Nordemann*[126] dies nur im Fall der Allgemeinverbindlichkeitserklärung für richtig halten und *Samson*[127] § 5 UG auf Tarifverträge überhaupt nicht anwenden will. Da diese Frage im Rahmen von Justizdatenbanken Bedeutung erlangen kann, erscheint eine kurze Stellungnahme angebracht.

Im Gegensatz zum BAG wird man unter „Gesetzen" im Sinne von § 5 Abs. 1 UG nur formelle Gesetze zu verstehen haben[128], so daß Tarifverträge, obwohl sie als Gesetze im materiellen Sinne anzusehen sind, nicht direkt unter die Regelung des Absatzes 1 fallen. Wegen der – allerdings unbefriedigenden – Veröffentlichungspraxis mag auch eine Analogie insoweit zweifelhaft sein. Die materielle Normqualität rechtfertigt aber die Anwendung von § 5 Abs. 2 UG. Es dürfte nichts im Wege stehen, die Tarifvertragsparteien bei der ihnen vom Gesetzgeber zugesprochenen Re-

---

124 *Katzenberger*, in GRUR 1972 S.695, nennt in diesem Zusammenhang neben Tarifverträgen auch DIN-Normen und VDE-Vorschriften, allgemeine Bedingungen für die Haftpflichtversicherung und für die Kraftverkehrsversicherung, allgemeine Deutsche Spediteurbedingungen, sogar allgemeine Geschäftsbedingungen einzelner Unternehmen. – Für DIN-Normen und VDE-Vorschriften verneint *Lukes* S. 24 ff. die analoge Anwendung von § 5 UG. O. und E. *von Gamm* in GRUR 1969 S. 595, bejahen die Anwendbarkeit auf allgemeine Geschäfts- und Vertragsbedingungen, die für allgemeinverbindlich erklärt wurden.

125 BAG, Urteil vom 11. Nov. 1968 – 1 AZR 16/68 in NJW 1969 S. 861 (862); wie das BAG O. und E. *von Gamm* in GRUR 1969 S. 595.

126 *Fromm/Nordemann*, Anm. 2 zu § 5 UG; anders noch 2. Auflage Anm. 1 zu § 5: § 5 Abs. 2 UG anwendbar bei Allgemeinverbindlichkeitserklärung.

127 *Samson* S. 105.

128 *Katzenberger* in GRUR 1972 S. 688; *Möhring/Nicolini*, Anm. 2 a zu § 5 UG; so auch *Fromm/Nordemann*, 2. Aufl. Anm. 1 zu § 5 UG, nicht klar 3. Aufl. Anm. 2 zu § 5 UG: einerseits wird wie früher auf die Verkündung abgestellt, andererseits werden unter Berufung auf das BAG Tarifverträge unter Abs. 1 subsumiert, weil sie Gesetze im materiellen Sinne sind. Im Gegensatz zum BAG und im Widerspruch zur Begründung wird aber diese Einordnung auf allgemeinverbindliche Tarifverträge beschränkt.

gelungsmacht als Amt im Sinne von § 5 UG anzusehen oder wenigstens entsprechend zu behandeln[129]. Da die Beliehenen unter den Amtsbegriff fallen, ist die Einbeziehung von Privaten nichts Ungewöhnliches.

III. Werkteile, Bearbeitungen

1. Urheberrecht am Originalwerk

a) Grundsätze

Bei den geschützten Werken stellt sich die Frage, inwieweit Teile davon bzw. Darstellungen, die den Inhalt wiedergeben oder charakterisieren, unter dem Schutz des Urheberrechts stehen. Hier ist zwischen dem Urheberrecht am Originalwerk und dem möglichen Recht eines Bearbeiters nach § 3 UG [130] zu unterscheiden.

Das Urheberrecht am Originalwerk besteht auch an Werkteilen, soweit deren individuelle Prägung noch den Voraussetzungen des § 2 UG genügt[131]. Zusammenfassende Darstellungen, z. B. Kurzfassungen (Kurzreferate, Abstracts) oder Stichwortübersichten werden vom Urheberrecht am Originalwerk dann ergriffen, wenn es sich um Bearbeitungen oder andere Umgestaltungen im Sinne von § 23 S. 1 UG handelt[132]. Beide sind dadurch gekennzeichnet, daß sie ebenfalls noch die individuelle Schöpfung des Urhebers des Originalwerks wiedergeben. Wann das der Fall ist, ist allerdings schwierig zu beurteilen. Da bei Sprachwerken die Übernahme der Sprache als der äußeren Form des Werks[133] ausscheidet – andernfalls würde eine (Teil-)Vervielfältigung vorliegen –, kann die Beeinträchtigung des Urheberrechts am Originalwerk sich nur aus der Übernahme des Inhalts oder der „inneren Form“[134] ergeben. Bei wissenschaftlichen Werken ist der eigentliche Inhalt aber nicht geschützt[135].

Wissenschaftliche Erkenntnisse, Lehren und Gedanken sind frei[136]. Dagegen ist die innere Form, welche die Anordnung der Darstellung, die

---

129 Die Frage wird offengelassen von *Katzenberger* in GRUR 1972 S. 695. Er meint (auf private Normenwerke allgemein bezogen), es müsse in jedem Einzelfall eine genaue Prüfung vorgenommen werden.

130 Zum Urheberrecht des Bearbeiters s. unter III 2.

131 Vgl. *Ulmer* in GRUR 1971 S. 298 linke Sp.

132 Vgl. *Ulmer*, Lehrbuch S. 191.

133 Vgl. *Hubmann* S. 35 ff.; *Ulmer*, Lehrbuch S. 105 ff.

134 Zu dem Begriff vgl. *Hubmann* S. 35 f.

135 Da schöngeistige Literatur nicht zu Zwecken der Dokumentation gespeichert wird, dürfte diese Beurteilung für die meisten hier in Betracht kommenden Werke gelten. Vgl. *Ulmer*, Gutachten S. 15.

136 Vgl. *Ulmer*, Lehrbuch S. 108.

Auswahl und Zusammenstellung des Stoffes[137] bezeichnet, auch bei wissenschaftlichen Werken geschützt und das Urheberrecht am Originalwerk kann durch eine Darstellung, welche die Gedankenführung zusammenfassend wiedergibt, verletzt werden. Das ist auf jeden Fall anzunehmen, wenn die Zusammenfassung so ausführlich ist, daß ihre Lektüre die des Originals ersetzen kann[138]. Dies gilt andererseits nicht, wenn es sich um eine Charakterisierung des Inhalts des Originalwerks handelt. Das ergibt sich durch Gegenschluß aus § 12 Abs. 2 UG. Aus dem Vorbehalt der Mitteilung und Beschreibung des Werks zugunsten des Urhebers bis zum Zeitpunkt der mit seiner Zustimmung erfolgten Veröffentlichung ist zu entnehmen, daß danach jedermann zu einer solchen Mitteilung oder Beschreibung befugt ist, auch wenn sie nach allgemeinen Grundsätzen als Bearbeitung nicht ohne Zustimmung des Original-Urhebers verwertet werden dürfte[139].

Die von einer elektronischen Datenverarbeitungsanlage erstellten Zusammenfassungen unterliegen in bezug auf das Urheberrecht am Originalwerk grundsätzlich der gleichen Beurteilung. Die Besonderheiten des maschinellen Verfahrens[140] können allerdings dazu führen, daß bei gleicher Zielsetzung der Abstract-Erstellung maschinelle Zusammenfassungen eher einen Eingriff in das Urheberrecht bedeuten als intellektuell verfaßte. Es ist aber nicht etwa so, daß ein maschinell erstelltes Abstract an den Aufbau und die Gliederung des Originalwerks gebunden sein müßte. Ein maschinelles Abstract kann z. B. durch Absuchen des gesamten Textes auf Schlüsselwörter und Bestimmung von deren Häufigkeit geschehen. Aufgrund des größten Gehalts an Schlüsselwörtern werden dann bestimmte Sätze des Originals zum Abstract zusammengestellt[141]. Je nach der Individualität der ausgewählten Sätze kann dann wieder eine Teilvervielfältigung vorliegen.

Die Übernahme einzelner weniger Sätze allein kann allerdings in der

---

137 So *Hubmann* S. 36; *Ulmer*, Lehrbuch S. 108.

138 Vgl. *Hubmann* S. 176; *Ulmer*, Lehrbuch S. 267 und GRUR 1971 S. 298; s. auch RGZ 129, 252 ff. - Operettenführer.

139 Vgl. *Fromm/Nordemann*, Anm. 3 zu § 12 UG; *Hubmann* S. 176. *Ulmer*, Lehrbuch S. 267, bemerkte schon zum alten Recht, daß die Regel über die öffentliche Beschreibung (heute § 12 Abs. 2 UG) eine doppelte Funktion habe: sie führe nicht nur zu einer Ergänzung, sondern auch zu einer Beschränkung des Schutzes, der auf den Nutzungsrechten beruht.

140 Sc. die Unfähigkeit der Maschine, Bedeutungen zu erkennen und die sich daraus ergebenden Notwendigkeit, dem Inhalt indirekt nahezukommen.

141 Vgl. *Kent* S. 99 mit dem Beispiel eines Auto-Referats aus der New York Times. Das Referat eines dreispaltigen Textes (Bericht über neue Therapiemöglichkeiten) besteht aus 4 ausgewählten Sätzen.

Regel wohl noch nicht als Teilwiedergabe angesehen werden[142]. Da aber ein Datenbankprojekt eine generelle Beurteilung verlangt, kann es schon entscheidend sein, daß mit einer solchen Bewertung in Einzelfällen zu rechnen ist. Die Suche nach Schlüsselwörtern macht es dabei eher wahrscheinlich, daß die ausgewählten Sätze individuelle Prägung aufweisen. Außerdem wird man möglicherweise die zulässige Zahl der ausgewählten Sätze durch das Programm nicht zu sehr beschränken dürfen, wenn man der Möglichkeit vorbeugen will, daß das maschinelle Abstract den Die Gefahr eines Eingriffs in das Urheberrecht am Originalwerk liegt daentscheidenden Sinngehalt des Originalwerks verfehlt.
gegen bei der Indexierung selbst dann ganz fern, wenn der Text maschinell von dem Computer auf alle sinntragenden Stichwörter hin abgesucht wird. Auch wenn die Stichwörter damit in gewisser Weise ein Abbild des zugrundeliegenden Textes darstellen, wird damit kaum das Urheberrecht an dem Text berührt sein können[143]. Denn den Stichwörtern fehlt in aller Regel die für die Annahme einer Teilvervielfältigung erforderliche sprachliche Individualität. Es kann sich auch nicht um eine Wiedergabe der inneren Form des zugrundeliegenden Textes handeln, da die Stichwortliste für sich genommen dessen Sinngehalt nicht erkennen läßt.

b) Inhaltsangaben nach DIN 1426

aa) Zielsetzung der Norm und ihre Bedeutung für die hochtechnisierte Dokumentation

Mit Inhaltsangaben in Information und Dokumentation befaßt sich die DIN-Norm 1426. Da die Fassung vom Juli 1953 neue Formen von Kurzreferaten noch nicht berücksichtigte, ist sie im November 1973 geändert worden[144]. Mit der Neufassung wurde versucht, den Gesamtbereich der

---

142 *Goose* in GRUR 1973 S. 7 und *Katzenberger/Kolle* in Gesetzesplanung S. 189 = Nachr. Dok. 23 (1972) S. 96. *Katzenberger/Kolle* unterscheiden danach, ob „lediglich einzelne Sätze oder Abschnitte des referierten Werkes herausgegriffen werden" (aaO.) oder „zusammenhängende Werkteile . . . dem Originalwerk unverändert entnommen" werden. Vgl. auch KG, Urteil vom 16. Febr. 1973 - 5 U 1607/72 - „Hauptmann-Tagebücher", in GRUR 1973 S. 602 ff. = UFITA Bd. 71 (1974) S. 206 ff. und LG Berlin, Urteil vom 13. Dez. 1972 - 16 0 208/72 - „Von Kopf bis Fuß", GRUR 1974 (4.) S. 231 f.

143 Im Ergebnis ebenso *Brutschke* S. 76; *Katzenberger* in GRUR 1973 S. 631 f.; *Katzenberger/Kolle* in: Gesetzesplanung S. 189 = Nachr. Dok. (23) 1972 S. 97.

144 DIN 1426, S. 8 (Erläuterungen), wo darauf hingewiesen wird, daß sich die Norm jetzt mit der Revision der ISO in Übereinstimmung befindet.

Inhaltsangaben in der Dokumentation darzustellen und terminologisch zu ordnen[145]. Die Norm gibt Hinweise sowohl für die Anfertigung von Inhaltsangaben in der Originalliteratur wie für die Erstellung und Verarbeitung von Inhaltsangaben in der Dokumentation, wobei letzteres ausdrücklich (auch) mit der Entwicklung der Dokumentationstechnologie begründet wird[146].
Im vorliegenden Zusammenhang könnte die Norm von Bedeutung werden, weil Abstracts in der heutigen Praxis (noch) ganz überwiegend manuell erstellt werden und weil teilweise auch, wie das Beispiel der Biomedizinischen Datenbank Hoechst[147] zeigt, die Übernahme bereits bestehender Referate und Zusammenfassungen in Betracht kommt. Es ist daher zu prüfen, inwieweit eine generelle Beurteilung der in DIN 1426 genannten Inhaltsangaben möglich ist[148].
Dabei sind unter dem Gesichtspunkt des Urheberrechts am Originalwerk nur die Abstractformen „nach dem inhaltlichen Bezug“[149] in die Überlegung einzubeziehen. Davon kommen für die Dokumentation nur die nichtwertenden Inhaltsangaben in Betracht. Die DIN-Norm 1426 unterscheidet hier folgende Hauptformen[150]: Auszug, Zusammenfassung, Annotation, Kurzreferat und Sammelreferat.

bb) Auszug[151]

Als Auszug wird die verkürzte Wiedergabe eines Dokuments bezeichnet, die nur Teile (auch unzusammenhängende Teile) des wiedergegebenen Dokuments umfaßt, wobei für Sprachwerke Sätze und Abschnitte besonders genannt werden. Der Auszug „soll durch die Auswahl von Teilen des Dokuments dieses als Ganzes repräsentieren“.
Nach der Definition läßt sich eine generelle Beurteilung im eigentlichen Sinn nicht geben. Denn der Auszug kann lediglich aus einer Zusammenstellung einzelner Sätze des Origninaldokuments bestehen, denen es an der für den Urheberschutz erforderlichen Individualität mangelt[152]. Der

---

145 DIN 1426, S. 8 (Erläuterungen).
146 DIN 1426, S. 8 Erläuterungen).
147 Vgl. oben S. 10 f.
148 Vgl. *Goose* in ÖVD 1973 S. 311 = Sonderdruck S. 5 und *Katzenberger* in GRUR 1973 S. 631 Anm. 34.
149 So DIN 1426 S. 4 unter 3.2.3. für Kurzreferate im Gegensatz zur Einteilung nach dem Verfasser oder nach der Form.
150 DIN 1426 unter 2. Das später ausführlich behandelte und den Kurzreferaten gegenübergestellte sogenannte ersetzende Referat (Kurzfassung) wird bei den Hauptformen nicht aufgeführt. Vgl. dazu unten S. 38 f.
151 DIN 1426 S. 2 unter 2.2.
152 Vgl. dazu oben S. 35 f.

Auszug kann aber z. B. auch ganze Abschnitte des Dokuments enthalten, die schon wegen ihrer sprachlichen Gestaltung als Teilvervielfältigung angesehen werden müssen.

cc) Zusammenfassung[153]

Zusammenfassungen im Sinn von DIN 1426 werden in erster Linie als Teil des Dokuments selbst verstanden und können insoweit hier außer Betracht bleiben.

dd) Annotation[154]

Die Annotation soll als möglichst kurze allgemeine Charakterisierung eines Dokuments lediglich dem weiteren Verständnis des Titels eines Dokuments dienen. Dabei wird Redundanzfreiheit in bezug auf den Titel in dem Sinne verlangt, daß die Annotation keine Angaben enthält, die aus dem Titel oder in Verbindung mit dem Titel zu erschließen sind. Bei dieser streng begrenzten Aufgabenstellung kann das Urheberrecht am Originalwerk nicht tangiert werden.

ee) Kurzreferate insgesamt[155] und Kurzfassung[156]

Kurzreferate sind allgemein dadurch gekennzeichnet, daß sie diejenigen Inhaltskomponenten darstellen, die für einen bestimmten Adressatenkreis (für den das Kurzreferat angefertigt wird) von Bedeutung sein können. Sie sollen dem Leser „die Entscheidung erleichtern, ob das referierte Dokument für die spezifische Fragestellung des Lesers relevant ist". Die Formulierung scheint darauf hinzudeuten, daß es für die Erreichung dieses begrenzten Zwecks weder notwendig noch möglich ist, die innere Form des Originaldokuments wiederzugeben und so das daran bestehende Urheberrecht zu berühren.
Die Entstehungsgeschichte der Norm läßt jedoch Zurückhaltung bei der Wertung geboten erscheinen. Noch im Entwurf vom April 1972 wurde nämlich das sogenannte ersetzende Referat, das auch als Kurzfassung bezeichnet wird, als Unterfall des Kurzreferats geführt[157], wobei die oben wiedergegebene gemeinsame Kennzeichnung aller Kurzreferate bereits gleichlautend war[158].

---

153 DIN 1426 S. 2 unter 2.3.
154 DIN 1426 S. 2 unter 2.4.
155 DIN 1426 S. 2 unter 2.5.
156 DIN 1426 S. 5 unter 4.1.
157 Entwurf DIN 1426 S. 5 unter 3.2.3.4.
158 Entwurf DIN 1426 S. 2 unter 2. 4.

Kurzfassungen werden aber regelmäßig unter das Urheberrecht am Originalwerk fallen. Denn DIN 1426 sieht sie ebenso wie der Entwurf der Norm vom April 1972 als „Übergang des Kurzreferats zum Originaldokument" an[159]. Die Kurzfassung soll den Benutzer „nicht mehr zum Originaldokument hinführen", sondern ihm dessen Lektüre ersparen.
Anders als im Entwurf wird die Kurzfassung in der Neufassung der Norm nicht mehr als Unterfall des Kurzreferats angeführt, sondern zu den (immerhin noch) „Grenzformen des Kurzreferats" gezählt, die gleichrangig neben den Kurzreferaten stehen[160]. Insofern ist die allgemeine Definition der Kurzreferate nicht unbedingt so zu verstehen, daß sie auch die ersetzenden Referate umfaßt[161]. Daß die Kurzfassung aber noch im Entwurf 1972 als Unterfall des Kurzreferats angesehen werden konnte[162], zeigt doch, daß die generelle, nach dokumentarischen Gesichtspunkten getroffene Definition nicht die Präzision aufweist, welche für eine generelle Wertung aus der Sicht des Urheberrechts erforderlich wäre.
Kurzreferate können daher trotz der in der endgültigen Norm vorgenommenen Ausklammerung der ersetzenden Referate nicht generell beurteilt werden. Daher sind die Untergruppen einzeln zu untersuchen.

ff) Indikatives Referat[163]

Als erste der verschiedenen Formen des Kurzreferats nennt DIN 1426 das indikative Referat, „das lediglich angibt, wovon ein Dokument handelt. Es soll den Leser auf die im Dokument behandelten Sachverhalte hinweisen und die Art der Behandlung andeuten, aber nicht konkrete Resultate der im Dokument enthaltenen Überlegungen oder dargestellten Untersuchungen wiedergeben." Hierbei handelt es sich eindeutig um eine lediglich hinweisende Inhaltskennzeichnung, welche die innere Form des referierten Dokuments nicht berührt. Indikative Referate nach der DIN-Norm werden daher, wenn sie selbständig formuliert sind[164], vom Urheberrecht am Originalwerk nicht erfaßt.

---

159 DIN 1426 S. 5 unter 4.2.; Entwurf DIN 1426 S. 5 unter 3.2.3.5.

160 DIN 1426 S. 5 unter 4.

161 Allerdings wird das ersetzende Referat in der Gesamtdarstellung „Hauptformen von Inhaltsangaben" (DIN 1426 S. 2 unter 2.) nicht selbständig aufgeführt.

162 Entwurf DIN 1426 S. 5 unter 3.2.3.4.

163 DIN 1426 S. 4 unter 3.2.3.1. mit Beispiel S. 7.

164 Das wird hier bei allen Kurzreferaten vorausgesetzt, weil sonst wegen der Übernahme der sprachlichen Formulierung im einzelnen Fall eine Teilvervielfältigung vorliegen kann. Vgl. oben S. 35.

gg) Informatives Referat[165]

Die Form des Kurzreferats, welche die weitestgehende Wiedergabe des Inhalts des Originaldokuments enthält[166], ist das sogenannte informative Referat. Dieses hat nach der DIN-Norm die Aufgabe, die wichtigsten inhaltlichen Bestandteile des Originaldokuments verkürzt so wiederzugeben, „daß die im Originaldokument enthaltene Information dem Referat selbst entnommen werden kann". Es „soll den Benutzer über den Wert und die Brauchbarkeit des Originaldokuments für seine speziellen Zielsetzungen informieren".

Geht die Funktion des informativen Referats über die zuletzt hervorgehobene Aufgabe nicht hinaus, so wird es vom Urheberrecht am referierten Werk nicht ergriffen[167]. Doch ist die Funktionsbeschreibung der DIN-Norm zu unbestimmt, um diese urheberrechtliche Beurteilung einheitlich in allen Fällen zuzulassen. Wieweit die komprimierte Darstellung der „Information" des Originalwerks im Referat möglich ist, wird nicht nur im Einzelfall von Referat zu Referat unterschiedlich sein können, sondern sehr stark auch von der Art des behandelten Wissensgebietes abhängen. Denn das informative Referat soll „insbesondere Auskunft über das behandelte Gebiet, Zielsetzungen, Hypothesen, Methodologie, Ergebnisse und Schlußfolgerungen der im Originaldokument enthaltenen Überlegungen und Darstellungen geben".

Zur Erreichung dieses Ziels können auf bestimmten Gebieten sehr viel umfangreichere Angaben (im Verhältnis zum Originaltext) erforderlich sein als etwa in der entsprechenden Beschreibung eines Forschungsberichts der exakten Wissenschaften. Es kommt hinzu, daß die DIN-Norm davon ausgeht, daß für verschiedene Interessentenkreise unterschiedliche informative Referate erstellt werden. Für ganz spezielle Interessen kann sich dann das informative Referat auch zu einer Teilwiedergabe (in bearbeiteter Form) verdichten. Sind andererseits die Benutzerinteressen nicht sehr spezifisch, was etwa bei einer vielseitig genutzten Datenbank denkbar ist, so besteht die Gefahr der Ausweitung des informativen Referats. Bei seiner weitgesteckten Zielsetzung ist die Grenze zum ersetzenden Referat zu unscharf[168], um eine Berührung des Urheberrechts am Originalwerk generell auszuschließen.

---

165 DIN 1426 S. 4 unter 3.2.3.2. mit Beispiel S. 7.

166 Wenn man das ersetzende Referat (die Kurzfassung) nicht als Unterfall des Kurzreferats ansieht.

167 Diese Beurteilung dürfte z. B. für das in DIN 1426 S. 7 gegebene Beispiel für ein informatives Referat gelten.

168 Die beiden Referate sind dadurch unterschieden, daß „das informative Referat die Darstellung von Daten selektiv vornimmt", während das ersetzende Referat „auch die nebensächlichen Sachverhalte nachzeichnen" soll, DIN 1426 S. 5.

Die Formulierung des Entwurfs[169], das informative Referat solle „prinzipiell nicht das Originaldokument ersetzen", ist in die Neufassung der Norm nicht eingegangen. Aber auch diese – nur prinzipielle – Abgrenzung zum ersetzenden Referat hätte für die einheitliche Beurteilung nicht ausgereicht, so daß es nicht darauf ankommt, ob die Streichung eine sachliche Änderung bedeuten sollte oder nicht.

hh) Indikativ-informatives Referat[170]

Eine Mischform zwischen indikativem und informativem Referat stellt das indikativ-informative Referat dar. „Durch diese Form des Kurzreferats soll es ermöglicht werden, einerseits die zentralen Themen eines Originaldokuments informativ darzustellen, d. h. bestimmte Daten anzugeben, und andererseits die mehr peripheren Themen und solche, deren informative Darstellung im Kurzreferat nicht möglich ist, nur zu erwähnen. Das indikativ-informative Referat will deshalb den Benutzer über ausgewählte Sachverhalte informieren und ihm von den anderen Sachverhalten Kenntnis geben. Es empfiehlt sich insbesondere bei Dokumenten, die ... eine große Fülle von Daten und Angaben enthalten ...".
Diese Charakterisierung macht deutlich, daß das indikativ-informative Referat zum Teil einem informativen Referat gleichen kann. Soweit das der Fall ist, trifft auch die Beurteilung für das informative Referat zu, daß eine Berührung der inneren Form des Originaldokuments nicht ausgeschlossen ist. Eine generelle Qualifikation des indikativ-informativen Referats unter dem Gesichtspunkt des Urheberrechts am Originalwerk ist deshalb ebenfalls nicht möglich.

ii) Sammelreferat

Eine gesonderte Beurteilung des Sammelreferats ist nicht erforderlich, da es jedes Dokument einzeln indikativ oder informativ darstellen soll. Seine urheberrechtliche Einordnung hängt damit von der Bewertung der Einzelreferate ab.

2. Urheberrecht an der Bearbeitung

Soweit die Zusammenfassung selbst eine persönliche geistige Schöpfung

Das zeigt, daß in größeren Teilbereichen Übereinstimmung zwischen beiden bestehen und die innere Form auch beim informativen Referat berührt werden kann.

169 Entwurf DIN 1426 S. 4.

170 DIN 1426 S. 4 f. mit Beispiel S. 8.

darstellt, genießt der Urheber dafür den Schutz des Urheberrechtsgesetzes – im Falle einer Bearbeitung nach § 3, sonst nach § 2 UG.
Werden die Zusammenfassungen im Rahmen eines Arbeits- oder Dienstverhältnisses mit dem Datenbankunternehmen erstellt, so werden die entsprechenden Nutzungsrechte ausdrücklich oder stillschweigend (§ 43 UG) dem Datenbankunternehmen übertragen sein. Probleme ergeben sich, wenn die Zusammenfassungen vom Autor des Originaltextes oder sonst von Dritten erstellt sind. In diesem Fall sind dem Urheber vorbehaltene Verwertungshandlungen nicht ohne deren Zustimmung bzw. ohne die Zustimmung des sonst Werkberechtigten zulässig[171].
Auch wenn das zugrunde liegende Werk ungeschützt ist, sind Urheberrechte aus Bearbeitung zu achten. Die Freistellung der amtlichen Werke nach § 5 UG gilt nur für deren Urform[172]. Private Bearbeitungen eines solchen Werkes, die persönliche geistige Schöpfungen des Bearbeiters sind, werden nach § 3 UG nicht anders als sonstige Bearbeitungen wie selbständige Werke geschützt.
Eine solche geschützte Bearbeitung eines amtlichen Werkes würde beispielsweise in der zusammenfassenden Darstellung eines Gesetzes liegen, wie sie für nicht spezifisch juristische Zwecke gebraucht wird. Auch der juristischen Dokumentation von Gesetzgebung und Rechtsprechung, die durch § 5 Abs. 1 UG ermöglicht wird, kann der Bearbeitungsschutz nach § 3 UG Grenzen setzen: Soll sich der Rechtsprechungsnachweis auf die Gerichtsentscheidungen beschränken, so wie sie in Zeitschriften veröffentlicht sind, sind die Bearbeitungsurheberrechte zu beachten.
Streitig ist dabei, ob bereits die bloße Kürzung eines Urteils eine Bearbeitung darstellt. Gegen die verbreitete Meinung, die dies bejaht[173], wenden sich *Nordemann/Hertin*[174] und *Brutschke*[175]. Sie verlangen für eine Bearbeitung eine individuelle Ausprägung nicht nur im Verhältnis zu der möglichen Gestaltung eines anderen Bearbeiters, sondern auch im Verhältnis zum Originalwerk. Diese sei bei der Kürzung nicht gegeben.
Diese Schlußfolgerung erscheint jedoch nicht als zwingend. In § 4 UG erkennt das Gesetz an, daß Sammlungen von Werken oder anderen Beiträgen durch Auslese oder Anordnung eine persönliche geistige Schöpfung sein können. Auch dort kommt eine individuelle Ausprägung gegenüber

---

171 Vgl. z. B. *Ulmer* in GRUR 1971 S. 298. Zur Frage, ob eine generelle Zustimmung vorliegt, s. unten unter B IV.
172 Vgl. z. B. *Möhring/Nicolini* Anm. 2 c zu § 5 UG.
173 Vgl. z. B. *Ulmer* in GRUR 1971 S. 298 Anm. 6 im Anschluß an ein Urteil des Kammergerichts, in UFITA Bd. 2 (1929) S. 558.
174 *Nordemann/Hertin* in NJW 1971 S. 688 ff.; so auch *Fromm/Nordemann*, Anm. 4 a zu § 3 UG.
175 *Brutschke*, EDV und Urheberrecht S. 69.

den Originalwerken textlich nicht zum Ausdruck. Es erscheint kaum angängig, die Auswahl aus einem Werk grundsätzlich anders zu beurteilen als die Auswahl von Werken[176]. Es ist natürlich naheliegend, daß die schöpferische Leistung bei der Kürzung einer Gerichtsentscheidung geringer ist als bei einer Auslese von Werken zu einem Sammelwerk oder daß es an einer persönlichen geistigen Schöpfung überhaupt fehlt. Aber diese Prüfung hat im Einzelfall zu erfolgen. Selbst wenn eine große Zahl von Entscheidungskürzungen - wie es auch sonst für Kürzungen angenommen wird[177] - nicht als Bearbeitungen nach § 3 UG angesehen werden können, so kann demnach doch der generellen Verneinung der Werkqualität nicht zugestimmt werden.

IV. Generelle Zustimmung des Berechtigten zur Werknutzung

Trotz grundsätzlich bestehenden Urheberschutzes an den verwerteten Werken kann die Nutzung in einer Datenbank von vornherein (d. h. ohne Zustimmung im Einzelfall und ohne Rücksicht auf eine etwa bestehende gesetzliche Erlaubnis) zulässig sein. Dies ist der Fall, wenn das Werk eine entsprechende generelle Erlaubnis ausdrücklich enthält oder wenn man aus der Art der Veröffentlichung auf eine solche Erlaubnis schließen kann.

Es muß sich zweifelsfrei erkennen lassen, daß Vervielfältigung (auch soweit sie nicht gesetzlich zugelassen ist) und Verbreitung nicht vorbehalten sein sollen, sondern daß jede Weitergabe des Inhalts ohne weiteres zulässig sein soll[178]. Dies dürfte weitgehend für Veröffentlichungen von Parteien und Verbänden anzunehmen sein, vor allem, wenn die Veröffentlichungen der Öffentlichkeitsarbeit dienen. Von seiten der Partei oder des Verbandes besteht dann ein Interesse an möglichst weitgehender Streuung von Informationen oder Stellungnahmen. Entsprechendes kann für Informationen von amtlichen Stellen, insbesondere von Presse- und Informationsämtern gelten[179]. Doch werden diese nach der hier vertretenen Auslegung des § 5 Abs. 2 UG[180] bereits unter diese Vorschrift fallen und deshalb keinen Urheberschutz genießen. Die Anwendung des § 5 Abs. 2

---

176 Wie hier *Katzenberger* in GRUR 1973 S. 631 Anm. 32; auch *Möhring/Nicolini*, Anm. 5 d) zu § 3 UG und *Ulmer* in GRUR 1971 S. 298 Anm. 6.

177 Vgl. *Nordemann/Hertin* in NJW 1971 S. 689 m. w. N. in Anm. 8.

178 Vgl. Goose in GRUR 1971 S. 6; *Hubmann* S. 190; *Köhler* S. 83; *Ulmer*, Lehrbuch S. 294; *Ulmer*, Programme S. 18.

179 *Goose* in ÖVD 1973 S. 5 = Sonderdruck S. 311; vgl. auch *Katzenberger* in GRUR 1972 S. 692 Anm. 56.

180 Vgl. oben unter B II 3, insbesondere B II 3 k).

UG kann, wie schon gesagt[181], insofern von praktischer Bedeutung sein, als die Bewertung nach § 5 Abs. 2 UG unabhängig vom Willen der Behörde erfolgt. Dort ist daher ein entgegenstehender Vermerk des Amtes – anders als im hier erörterten Zusammenhang – unbeachtlich.

Die Annahme einer generellen Erlaubnis zur Vervielfältigung und Verbreitung wird man gelegentlich auch für Zusammenfassungen annehmen können, die einem Werk zur Inhaltsbeschreibung vor- oder nachgestellt sind, wie es mehr und mehr bei wissenschaftlichen Zeitschriftenveröffentlichungen und Büchern üblich wird[182].

C. Urheberrechtliche Nutzen bei Einsatz der elektronischen Datenverarbeitung

I. Speicherung und vorhergehende Fixierungen als Vervielfältigungen

Als Verwertungshandlung, die grundsätzlich dem Urheber vorbehalten ist und die daher von der Datenbank nur mit seiner Genehmigung vorgenommen werden darf, falls nicht ein Ausnahmetatbestand eingreift, kommt zunächst die Speicherung von geschützten Werken in der elektronischen Datenverarbeitungsanlage sowie die dafür erforderliche vorherige Fixierung auf Lochkarten, -streifen, Magnetbändern oder -karten in Betracht. Bei den genannten Fixierungen könnte es sich um Vervielfältigungsstücke handeln, § 15 Abs. 1 Nr. 1 in Verbindung mit § 16 UG.

Die herrschende Meinung[183] definiert diese im Anschluß an die Begründung zum Regierungsentwurf des UG[184] als körperliche Festlegungen, die geeignet sind, das Werk den menschlichen Sinnen auf irgendeine Weise unmittelbar wahrnehmbar zu machen. Da danach auch die Eignung zur nur mittelbaren Wahrnehmbarmachung ausreicht, müßte die Speicherung genau so wie jede vorhergehende Fixierung grundsätzlich als Vervielfältigung angesehen werden[185].

---

181 Vgl. oben S. 27.

182 Vgl. *Ulmer* in GRUR 1971 S. 298.

183 Vgl. z. B. *Fromm/Nordemann*, Anm. 1 zu § 16 UG; vgl. auch *Brutschke* S. 71.

184 Begründung S. 47 = UFITA Bd. 45 (1965) S. 262.

185 So *Katzenberger/Kolle* in: Gesetzesplanung S. 195 f. = Nachr. Dok. 23 (1972) S. 99 f.; *Nordemann/Hertin* in NJW 1971 S. 858; *Ulmer* in GRUR 1971 S. 300; so auch *Brutschke* S. 71 ff. und in NJW 1970 S. 889 für die Speicherung selbst, die vorhergehenden Fixierungen werden von Brutschke nicht in Betracht gezogen.

Zweifel an dieser Beurteilung können nach herrschender Meinung nur da bestehen, wo die Speicherung im Computer nicht als Grundlage für eine Wiedergabe auf dem Bildschirm oder für einen Ausdruck des Werks dienen soll. Dies erscheint denkbar in Fällen des sogenannten „one use input"[186], d. h. in Fällen der Speicherungen, die lediglich zur einmaligen Verarbeitung erfolgen. Bei Datenbanken kommt das in Betracht, wenn die Einspeicherung nur zum Zwecke der Stichwortauswertung durch den Computer erfolgt[187]. In solchem Fall ist fraglich, ob die Speicherung geeignet ist, das Werk den menschlichen Sinnen wahrnehmbar zu machen.
Die Frage hat eine gewisse Ähnlichkeit mit dem Problem, ob Rechenprogramme, die in erster Linie der Computersteuerung, nicht der Mitteilung an den Menschen dienen, ein (Sprach-)Werk im Sinne des Urheberrechtsgesetzes sein können[188]. Soweit das Problem dort überhaupt als solches erkannt wurde, ist es mit einer Ausnahme[189] einhellig zugunsten des möglichen Werkcharakters des Programms entschieden[190], d. h. der Umstand, daß es sich nicht an den Menschen richtet, soll für die Qualifizierung als Werk unerheblich sein.
Der Verzicht auf dieses Erfordernis liegt bei der Beurteilung der Vervielfältigung eines Werkes noch näher als bei der Frage, ob überhaupt ein Werk vorliegt. Wie dort dafür plädiert wurde[191], in Anbetracht der technischen Entwicklung den urheberrechtlichen Sprachbegriff nicht traditionell, sondern weit zu verstehen, so sollte man hier nicht zu großes Gewicht auf eine Definition legen, die das Problem der Computerspeicherung noch nicht berücksichtigt hat und die schließlich im Gesetz selbst nicht ausdrücklich enthalten ist. Den Bestimmungen des Gesetzes über das Vervielfältigungsrecht (§§ 15 Abs. 1 Nr. 1 und 16 UG) ist zunächst nur zu entnehmen, daß es sich bei dem Vervielfältigungsstück um eine körperliche Fixierung handeln muß.
Daß eine Vervielfältigung letztlich für die menschliche Wahrnehmung bestimmt war, konnte bislang als selbstverständlich gelten. Die Definition der Vervielfältigung als Festlegung, „die geeignet ist, das Werk den menschlichen Sinnen auf irgendeine Weise unmittelbar oder mittelbar wahrnehmbar zu machen", sollte auch weniger diesen Umstand klarstellen, als die Tatsache, daß auch die Ermöglichung einer nur mittelbaren

---

186 Vgl. *Ulmer*, Gutachten S. 34.
187 *Ulmer*, Gutachten S. 35, unterscheidet diese Fälle von den vorgenannten. Die Arbeit des Computers ist jedoch die gleiche, vgl. *Ulmer*, aaO. S. 6.
188 Vgl. *Ulmer*, Programme S. 14 bis 16.
189 *Axster, Herbert* und *Oliver* in BB 1967 S. 945 f.
190 Vgl. z. B. *Köhler* S. 72 ff. m. w. N., und neuestens *Kolle* in GRUR 1974 S. 8 = DVR Bd. 2 1973 S. 311.
191 *Köhler* S. 74 f.

Wahrnehmung ausreicht[192]. Schließlich verlangt die Definition gar nicht, daß die körperliche Festlegung zur menschlichen Wahrnehmung „bestimmt", sondern nur, daß sie dazu „geeignet" ist. Eine solche Eignung ist jedenfalls auch in den Fällen des „one use input" gegeben. Vom Standpunkt der herrschenden Meinung stellen sich daher Speicherung und vorhergehende Fixierungen eines Werks auch in den genannten Sonderfällen als Vervielfältigungen dar.

Zu einem anderen Ergebnis könnte man aufgrund der zum neuen Urhebergesetz allein von *Möhring/Nicolini*[193] (ohne Erwähnung der Computer-Speicherung) vertretenen Auffassung kommen. Auch *Möhring/Nicolini* übernehmen zwar die Begriffsbestimmung der Begründung, halten diese aber nicht für erschöpfend. Daß eine Fixierung des Werks mittelbar der Wahrnehmung durch die menschlichen Sinne dienen könne, sei nicht das wesentliche Kriterium. Dieses sei vielmehr darin zu erblicken, daß eine Fixierung zur mittelbaren Vermittlung des Werkgenusses erfolge. Da das z. B. bei Druckformen, Negativen und Korrekturabzügen nicht der Fall sei, wollen *Möhring/Nicolini* sie in Anlehnung an die einzige Reichsgerichtsentscheidung[194] zu dieser Frage nicht als Vervielfältigungen ansehen. Entsprechendes könnte danach für die der Speicherung vorausgehenden Fixierungen zu gelten haben.

Die Speicherung selbst müßte aber auch nach dieser Ansicht insoweit beurteilt werden, als sie unmittelbar der Wiedergabe des Werkes auf Bildschirm dienen und/oder Grundlage für einen Ausdruck des Werkes sein soll. In solchen Fällen würde sich der Unterschied der Meinungen praktisch als nicht so erheblich darstellen, wie man in der Diskussion gelegentlich anzunehmen scheint[195]. Einerseits würde die Freiheit der vorhergehenden Fixierungen nicht helfen, wenn die Hindernisse, die sich etwa aus einer Zustimmungsbedürftigkeit der Speicherung ergeben können, die gleichen sind. Tauchen andererseits solche Probleme bei der Speicherung nicht auf, so würden nach herrschender Meinung die vorbereitenden Fixierungen nicht anders als die Speicherung zu beurteilen sein[196]. Immerhin würde die Ansicht von *Möhring/Nicolini* in den Fällen zu einem anderen Ergebnis führen können, in denen die Speicherung keiner – weder körperlicher noch unkörperlicher – Wiedergabe eines Werkes dient. Daher erscheint eine Auseinandersetzung mit dieser Meinung angebracht.

Zunächst ist festzustellen, daß sich aus § 98 UG nichts Entscheidendes für

---

192 Begründung S. 47 = UFITA Bd. 45 (1965) S. 262.
193 *Möhring/Nicolini* § 16 UG Anm. 2.
194 RG, Urteil vom 7. Nov. 1923 – Gottfried Kellers Werke, RGZ 107 S. 277 ff.
195 Vgl. *Ulmer* in GRUR 1971 S. 300 rechte Spalte und *Brutschke* S. 72 ff.
196 Vgl. dazu unten S. 61 f.

die eine oder andere Ansicht entnehmen läßt[197]. Nach dieser Bestimmung, die von *Fromm/Nordemann*[198] als Beleg für die herrschende Meinung und von *Möhring Nicolini*[199] als Argument für ihre Meinung angeführt wird und auf deren Entsprechung in § 42 des LitUG von 1901 sich schon das RG[200] bezogen hatte, erstreckt sich der Anspruch auf Vernichtung bei rechtswidriger Vervielfältigung etc. auf die Vervielfältigungsstücke (Absatz 1) und auf die zu ihrer Herstellung bestimmten Vorrichtungen (Absatz 2). Weder läßt sich aus dieser rechtlichen Gleichstellung schließen, daß die zur Herstellung bestimmten Vorrichtungen ebenfalls Vervielfältigungen darstellen, noch besagt die besondere Erwähnung der Herstellungsvorrichtungen in Absatz 2, daß diese nicht im Einzelfall auch Vervielfältigungsstücke sein könnten[201].

Ein wichtiges Argument zugunsten der herrschenden Meinung muß man der gesetzlichen Konkretisierung des Vervielfältigungsbegriffs in § 16 Abs. 2 UG entnehmen, wonach auch die Übertragung des Werkes auf Vorrichtungen zur wiederholbaren Wiedergabe von Bild- oder Tonfolgen (Bild- oder Tonträger) eine Vervielfältigung darstellt[202]. Dem halten *Möhring/Nicolini*[203] zwar entgegen, daß Aufnahmen auf Bild- und Tonträger nicht nur unmittelbar wahrnehmbar seien, sondern auch das von ihnen zusätzlich aufgestellte Kriterium erfüllten, weil der bestimmungsgemäße Gebrauch in diesem Fall in einer unmittelbaren Werknutzung, nämlich in der Wiedergabe bestehe. Indessen läßt sich aus dem Gesetz keine andere Beurteilung für die Fälle entnehmen, in denen die Aufnahme auf Bild- oder Tonträger noch nicht der Wiedergabe, sondern erst der Herstellung anderer Bild- oder Tonträger (z. B. der Herstellung von Tonbändern oder Schallplatten) dienen soll[204].

Ebenso spricht die Regelung in § 54 Abs. 1 Nr. 2 gegen die von *Möhring/Nicolini* vertretene Ansicht[205]. Danach ist die Aufnahme eines Werkes in ein eigenes Archiv unter gewissen einschränkenden Bedingungen privilegiert, was voraussetzt, daß das Gesetz die Aufnahme in das Archiv als Vervielfältigung ansieht. Gedacht war dabei vor allem an die Aufnahme von Bibliotheksbeständen auf Mikrofilm[206]. Dort dient der Mikrofilm aber

---

197 *Brutschke* S. 74.
198 *Fromm/Nordemann* § 16 UG Anm. 2.
199 *Möhring/Nicolini* § 16 UG Anm. 2.
200 RGZ 107, 277 (279).
201 So auch *Brutschke* S. 74.
202 Darauf stellt z. B. *Ulmer* in GRUR 1971 S. 300 rechte Spalte entscheidend ab.
203 *Möhring/Nicolini* § 16 UG Anm. 2.
204 Vgl. *Ulmer* in GRUR 1971 S. 300 r. Sp.
205 Vgl. *Goose* in GRUR 1973 S. 8 l. Sp.
206 Begründung S. 73 = UFITA Bd. 45 (1965) S. 289.

nicht der unmittelbaren Vermittlung des Werkgenusses im Sinne von *Möhring/Nicolini.*
Die Ansicht *Möhring/Nicolinis* läßt sich schließlich schlecht mit der Systematik des Gesetzes vereinbaren[207]. Das Gesetz behält im Grundsatz die Verwertungsrechte – hier die Verwertung in körperlicher Form, § 15 Abs. 1 UG – dem Urheber vor. Soweit eine Verwertung ohne seine Zustimmung zulässig sein soll, wird dies als Beschränkung des Urheberrechts besonders angeordnet, ändert aber an der grundsätzlichen Qualifikation (z. B. als Vervielfältigungsstück) nichts. Auch die Abschrift zum persönlichen Gebrauch ist eine – allerdings nach § 53 UG zustimmungsfreie – Vervielfältigung. Deshalb läßt sich jedenfalls unter dem geltenden Urhebergesetz (UG) die Begründung des RG nicht aufrechterhalten, nach der z. B. Korrekturabzüge – ebenso wie Drucksatz und Papiermatern – keine Vervielfältigungsstücke darstellen sollen, weil sie zwar an sich jedem Leser die Kenntnisnahme des Werks ermöglichen, „aber nur für den inneren Geschäftsbetrieb des Druckers und des Verlegers bestimmt sind und gemeinhin nicht in die Außenwelt gelangen“[208].
Die Ansicht von *Möhring/Nicolini* hat zudem den Nachteil, unsichere subjektive Kriterien wie die Zweckbestimmung bereits in die grundsätzlich objektiven Verwertungsbegriffe hineinzubringen[209]. Die Ablehnung dieser Ansicht schließt nicht aus, daß in den Fällen, die *Möhring/Nicolini* vom Vervielfältigungsbegriff ausnehmen wollen, eine Beschränkung des Urheberrechts dergestalt in Betracht kommt, daß die Vervielfältigung ohne Zustimmung und eventuell auch ohne Vergütung des Urhebers zulässig wäre. Die offene Wertung unter Berücksichtigung der wechselseitigen Interessen und der Bewertung, die das Gesetz ihnen insbesondere im 6. Abschnitt „Schranken des Urheberrechts“ hat zuteil werden lassen, erscheint dabei als die angemessenere Lösung gegenüber einer starren Begriffsbestimmung, die eine differenzierende Betrachtung u. U. unmöglich macht[210].
Der Ansicht von *Möhring/Nicolini* ist daher nicht zu folgen. Die Speicherung eines geschützten Textes in einem Computer stellt demnach immer eine Vervielfältigung dar.

---

207 *Goose* in DVR Bd. 2 / 1973 S. 125.
208 RG, Urteil vom 7. Nov. 1923 – Gottfried Kellers Werke, RGZ 107 S. 277 (279).
209 So auch *Brutschke* S. 73.
210 Vorausgesetzt ist dabei, daß eine solche offene Wertung auch bei der Bestimmung der „Schranken des Urheberrechts“ zulässig bzw. geboten ist. Mißverständlich in dieser Hinsicht die Bemerkungen bei *von Gamm,* Anm. 3 f. zu § 45 UG. Wie hier *Katzenberger* in GRUR 1973 S. 632. Zur Auslegung von sog. Ausnahmevorschriften allgemein vgl. *Larenz* S. 329 und *Weinsheimer* in NJW 1959 S. 566.

II. Ausnahmen vom Verbotsrecht des Urhebers bei Speicherung und vorhergehenden Fixierungen

Die in der Speicherung und den dafür erforderlichen vorhergehenden Fixierungen liegenden Vervielfältigungen dürfen jedoch ohne Zustimmung der Urheber durchgeführt werden, wenn deren Vervielfältigungsrecht insoweit gesetzlich beschränkt ist. In Betracht kommen die §§ 45, 46, 48, 49, 53 und 54 UG.

1. § 45 UG

Nach § 45 UG ist es zulässig, einzelne Vervielfältigungsstücke von Werken zur Verwertung in Verfahren von einem Gericht, einem Schiedsgericht oder einer Behörde herzustellen oder herstellen zu lassen. Diese Vorschrift ist vor allem für die Verwendung von Fachliteratur von Bedeutung, die häufig für die genannten Verfahren herangezogen werden muß und deren Vorlage ohne urheberrechtliche Hindernisse möglich sein soll. Dabei kommt neben juristischem auch weitgehend sonstiges wissenschaftliches Schrifttum in Betracht[211]. Die Begründung[212] verweist insbesondere auf das Patenterteilungsverfahren, bei dem in großem Maße wissenschaftliche Werke und Aufsätze herangezogen werden müssen, um die Frage der Neuheit einer Erfindung zu klären. Bei den genannten Materialien wird es sich häufig um Texte handeln, die (demnächst) in einer Datenbank zu finden sind.

Die Feststellung, daß in der Praxis wohl nie alle in einer Datenbank gespeicherten Dokumente für die in § 45 Abs. 1 UG genannten Zwecke gespeichert werden, würde die praktische Bedeutung der Vorschrift nicht ausschließen. Denn die nicht von § 45 Abs. 1 UG erfaßten Dokumente könnten unter andere, das Urheberrecht beschränkende Tatbestände fallen. Vor allem erübrigt sich die Prüfung einer sehr speziellen Vorschrift wie der des § 45 Abs. 1 UG nicht schon deshalb, weil die ihr unterfallenden Sachverhalte gegebenenfalls gleichzeitig von anderen, weiteren Ausnahmetatbeständen privilegiert werden: Wegen der teilweise anderen Rechtsfolgen, z. B. der Vergütungspflicht bei einer Ausnahme nach § 54 UG, kann die Anwendung auch der eng begrenzten Ausnahmevorschriften von Bedeutung sein.

Dennoch erscheint es zweifelhaft, ob die Vorschrift die Computerspeicherung begünstigen kann. Gedacht war sicher an Vervielfältigungsstücke, die – wie eine Fotokopie – unmittelbar in einem der genannten Verfahren

---

211 Vgl. *von Gamm*, Anm. 6 zu § 45 UG; *Brutschke* S. 87.
212 Begründung S. 63 r. Sp. = UFITA Bd. 45 (1965) S. 279.

verwendet werden können. Das ist bei der Speicherung in einer elektronischen Datenverarbeitungsanlage nicht der Fall. Die Anwendung der Vorschrift auch auf diesen Sachverhalt dürfte indes nicht ausgeschlossen sein, wenn aufgrund des gespeicherten Textes erstellte Kopien unmittelbar in einem Verfahren vor einem (Schieds-)Gericht oder einer Behörde verwendet werden sollen[213]. Die Erstreckung der Privilegierung auf die vorbereitenden Handlungen muß möglich sein[214].
Sie läßt sich aber nur rechtfertigen, wenn die Speicherung keinem anderen Zweck als dem der Herstellung unmittelbar unter § 45 Abs. 1 UG fallender Kopien dient, d. h., wenn die Speicherung wirklich nichts anderes ist als die Vorbereitung der privilegierten Nutzung. Das kann aber bei einer Datenbank, die auch anderen Zwecken dient, nicht der Fall sein. Eine auf die in § 45 UG privilegierten Zwecke beschränkte Nutzung ließe sich nur mit einer Sperrung der betreffenden Dokumente für andere Nutzungen erreichen. Das würde die Erreichung dieser anderen Zwecke gefährden. Eine Privilegierung bereits der Speicherung nach § 45 Abs. 1 UG ist daher im Einzelfall zwar rechtlich möglich, kommt in der Praxis aber nicht in Betracht[215].

2. § 46 UG

§ 46 UG erlaubt unter anderem, Sprachwerke nach dem Erscheinen in eine Sammlung aufzunehmen, die Werke einer größeren Anzahl von Urhebern vereinigt und nach ihrer Beschaffenheit nur für den Kirchen-, Schul- oder Unterrichtsgebrauch bestimmt ist. Diese Vorschrift kann auch die Einspeicherung in einer elektronischen Datenverarbeitungsanlage begünstigen, nämlich beim Einsatz für computergestützten programmierten Unterricht[216]. Für die Dokumentation kann diese Möglichkeit außer Betracht bleiben. Die Vorschrift würde von der Rechtsfolge her hierfür auch nur eingeschränkt praktische Erleichterungen bringen, weil sie zwar von der Zustimmung der Urheber befreit, aber in Absatz 3 verlangt, daß den Urhebern vor Beginn der Vervielfältigung, also vor der Einspeicherung, mitzu-

---

213 Vgl. *Nordemann/Hertin* in NJW 1971 S. 851.

214 Abzulehnen ist die Auffassung *von Gamms*, Anm. 11 zu § 45 UG, daß die nach § 45 UG hergestellten Vervielfältigungsstücke nach Abschluß des Verfahrens zu vernichten seien. Der Verfahrensabschluß bewirkt keinen „Fortfall eines bisherigen Rechtfertigungsgrundes"; die von v. Gamm angeführten BGH-Entscheidungen geben für § 45 UG nichts her. Gegen von Gamm: *Fromm/Nordemann*, Anm. 2 zu § 45 UG.

215 So auch *Katzenberger/Kolle* in: Gesetzesplanung S. 198 = Nachr. Dok. 23 (1972) S. 100.

216 Dazu *Brutschke* S. 90.

teilen ist, daß von der Berechtigung des § 46 Abs. 1 UG Gebrauch gemacht wird.

3. § 48 Abs. 1 Nr. 1 UG

Nach § 48 Abs. 1 Nr. 1 UG ist in bestimmten Fällen die Vervielfältigung und Verbreitung von Reden über Tagesfragen zulässig, und zwar in Zeitungen sowie in Zeitschriften oder anderen Informationsblättern, die im wesentlichen den Tagesinteressen Rechnung tragen.
Die Begründung[217] nennt als Beispiele für andere Informationsblätter Nachrichtendienste und Korrespondenzen. Begünstigt sind also sowohl diejenigen Informationsträger, die sich unmittelbar an den „Endverbraucher" von Nachrichten wenden, als auch solche Informationsträger, die den erstgenannten die erforderlichen Informationen bereitstellen. Es läßt sich denken, daß eine Datenbank eine dieser Funktionen oder auch beide gleichzeitig erfüllt. Die Datenbank kann für die Anfragen nach Nachrichten von Zeitungen und Zeitschriften und/oder von Privatpersonen eingerichtet sein.
Allerdings entspricht der Computer nicht den herkömmlichen Begriffen Zeitung, Zeitschrift oder Informationsblatt. Das dürfte aber die Anwendung der Vorschrift auf elektronische Datenverarbeitungsanlagen nicht ausschließen. Mit den genannten Begriffen ist deutlich auf die Funktion abgehoben. Dem Medium kann so lange keine entscheidende Bedeutung zukommen, wie es die gleiche Funktion erfüllt und keine neuartige urheberrechtliche Verwertungsmöglichkeit erschließt[218]. Die Funktion ist freilich noch näher gekennzeichnet, da nur solche Zeitschriften oder Informationsblätter begünstigt werden, „die im wesentlichen den Tagesinteressen Rechnung tragen". Die Einschränkung des Urheberrechts nach § 48 Abs. 1 Nr. 1 UG erfolgt, um die schnelle Unterrichtung der Allgemeinheit zu erleichtern. Um eine darüber hinausgehende Freistellung vom Recht des Urhebers zu vermeiden, ist das genannte Tatbestandsmerkmal eingefügt worden[219]. Entscheidend soll also sein, ob die Zeitschrift oder das Informationsblatt geeignet ist, die Allgemeinheit schnell mit Reden über Tagesfragen (neu) bekanntzumachen[220]. Soweit diese Voraussetzung erfüllt ist, kann demnach auch die Computerspeicherung zustimmungsfrei zulässig sein.
Demgegenüber ist die Privilegierung beispielsweise ausgeschlossen bei

---

217 Begründung S. 65 = UFITA Bd. 45 (1965) S. 281.
218 Vgl. *Goose* in GRUR 1973 S. 8; *Hubmann* S. 53 ff.
219 Begründung S. 65 = UFITA Bd. 45 (1965) S. 281.
220 Begründung S. 65 = UFITA Bd. 45 (1965) S. 281.

einer Datenbank, die, wie das oben erwähnte elektronische Informations- und Dokumentationszentrum von Presse und Rundfunk[221], vor allem sogenanntes Hintergrundmaterial bereitstellen soll. Dieses wird natürlich ebenfalls in aller Regel aus aktuellem Anlaß benötigt und verarbeitet. In einem weiteren Sinn dient man auch Tagesinteressen, wenn man zu späteren aktuellen Ereignissen sofort den nötigen Hintergrund liefern kann. Weder dieses „Auch-Tagesinteressen-dienen" noch die Ausrichtung auf spätere Tagesinteressen reicht aber aus, weil es nach dem oben Gesagten auf schnelle Verbreitung gerade aktueller Informationen ankommt[222].

Die Begründung zum Regierungsentwurf[223] des UG stellt den Reden über Tagesfragen „Reden über nicht tagesgebundene Themen, z. B. literarischer oder wissenschaftlicher Art" gegenüber. Bei diesen bestünde, „selbst wenn sie *anläßlich*[224] eines Tagesereignisses gehalten werden, nicht ein so großes Interesse der Öffentlichkeit an schneller Unterrichtung, daß es gerechtfertigt wäre, auch ihren Nachdruck ohne Zustimmung des Urhebers zu gestatten". Diese Stellungnahme ist mißverständlich. Von Gamm meint[225], damit sollten Reden über literarische und wissenschaftliche Themen völlig von der Privilegierung des § 48 Abs. 1 Nr. 1 UG ausgeschlossen sein. Ein solcher völliger Ausschluß hat aber im Wortlaut des Gesetzes keine Andeutung gefunden und ist nicht gerechtfertigt.

Mit dem Begriff „Tagesfragen" wird allein die Aktualität des Themas als Kriterium verwendet[226]. Diese kann auf allen Gebieten, also auch auf literarischem oder auf wissenschaftlichem Gebiet, bestehen[227]. Für diese Auslegung spricht auch, daß das Gesetz selbst in § 49 Abs. 1 UG von „politischen, wirtschaftlichen oder religiösen" Tagesfragen spricht, und damit von einem weiten Begriff der „Tagesfragen" ausgeht.

Allerdings ergibt sich eine Einschränkung bei § 48 Abs. 1 UG aus dem Zusammenhang der Regelung, nämlich daraus, daß die Vervielfältigung und

---

221 Vgl. oben S. 11.

222 Vgl. *Möhring/Nicolini*, Anm. 8 c zu § 48 UG.

223 Begründung S. 65 = UFITA Bd. 45 (1965) S. 281.

224 Hervorhebung in der Begründung.

225 *von Gamm*, Anm. 4 zu § 48 UG. Auch von Gamm folgt dieser Auffassung bei der Auslegung allerdings nicht.

226 Vgl. *von Gamm*, Anm. 4 zu § 48 UG; *Möhring/Nicolini*, Anm. 3 zu § 48 UG. Die im Text angeführte Stelle der Begründung wird daher nur als Hervorhebung des Gegensatzes zwischen aktuellem Gegenstand einer Rede und einem nur anläßlich eines aktuellen Anlasses behandelten Gegenstand zu verstehen sein. Vgl. *Fromm/Nordemann*, Anm. 2 zu § 48 UG.

227 Vgl. *von Gamm*, Anm. 4 zu § 48 UG; *Möhring/Nicolini*, Anm. 3 zu § 48 UG, nennen beispielsweise Themen insbesondere auf religiösem, politischem, kulturellem, wirtschaftlichem, sozialem, naturwissenschaftlichem und rechtlichem Gebiet.

Verbreitung nur über solche Medien erlaubt sind, die im wesentlichen den Tagesinteressen Rechnung tragen. Man muß daraus schließen, daß auf die Aktualität des Themas für die Allgemeinheit (im Gegensatz zu speziell oder fachlich Interessierten) abgestellt wird[228]. Anderenfalls wäre die Beschränkung auf die genannten Informationsmedien nicht sinnvoll. Eine Rede über eine neue wissenschaftliche Entdeckung kann sehr aktuell sein. Aber sie wird in der Regel nur für den Abdruck in einer Fachzeitschrift in Betracht kommen, für die in § 48 Abs. 1 Nr. 1 UG genannten Informationsblätter erst dann, wenn ein unmittelbares Interesse der Allgemeinheit an dem Thema besteht.

4. § 48 Abs. 1 Nr. 2 UG

§ 48 Abs. 1 Nr.2 UG sieht eine Ausnahme vom Vervielfältigungsrecht des Urhebers ohne Beschränkung auf einen bestimmten Zweck der Vervielfältigung vor. Zulässig ist danach die Vervielfältigung von Reden, die bei öffentlichen Verhandlungen vor staatlichen, kommunalen oder kirchlichen Organen gehalten worden sind. Somit kann auch die Speicherung in einer elektronischen Datenverarbeitungsanlage ohne Zustimmung des Urhebers erlaubt sein.

Um eine Verhandlung handelt es sich dann, wenn im Anschluß an die Rede eine Aussprache vorgesehen ist[229]. Die Verhandlung ist öffentlich, wenn außer den Beteiligten noch beliebige andere Personen Zutritt haben[230]. Eine zahlenmäßige Beschränkung des Zuhörerkreises ist unschädlich. Die Bezeichnung Organe soll keine beschränkende Wirkung haben. Gemeint sind alle „Stellen“, vor denen öffentliche Verhandlungen stattfinden können[231]. Nicht zu den staatlichen, kommunalen oder kirchlichen Organen werden z. B. gezählt[232]: politische Parteien, Städtetage, Industrie- und Handelskammern, Handwerks-, Ärzte- und Rechtsanwaltskammern, Katholikentage.

Eine Vervielfältigung der in § 48 Abs. 1 Nr. 2 UG genannten Reden ist unzulässig, wenn sie in Form einer Sammlung erfolgt, die überwiegend Reden desselben Urhebers enthält, § 48 Abs. 2 UG.

Nach einer Ansicht[233] ist diese Voraussetzung erfüllt, wenn die Werke eines Urhebers nach Anzahl oder Seitenzahl (für die Speicherung hieße das: Textumfang) mehr als die Hälfte der Sammlung ausmachen. Danach

---

228 Vgl. *von Gamm*, Anm. 4 zu § 48 UG; *Möhring/Nicolini*, Anm. 3 zu § 48 UG.
229 Begründung S. 65 = UFITA Bd. 45 (1965) S. 281.
230 Vgl. *Möhring/Nicolini*, Anm. 10 a zu § 48 UG.
231 Vgl. *Möhring/Nicolini*, Anm. 10 b zu § 48 UG.
232 Vgl. *Möhring/Nicolini*, Anm. 10 c bis e zu § 48 UG.
233 *von Gamm*, Anm. 8 a. E. zu § 48 UG; *Fromm/Nordemann*, Anm. 4 zu § 48 UG.

könnte man zu dem merkwürdigen Ergebnis kommen, daß eine Sammlung mit Reden zweier Urheber „überwiegend" die Reden von allen beiden enthielte, weil von Autor A die größere Zahl der Reden, von Autor B aber der größere Textumfang stammt. Der Maßstab muß jedoch eindeutig sein.

Nach *Möhring/Nicolini*[234] soll es entscheidend auf den Textumfang ankommen. Nach dem Wortlaut der Bestimmung liegt es näher, auf die Zahl der Reden abzustellen.

Zu einer Abweichung vom Wortlaut besteht meines Erachtens kein Anlaß, da sich ein anderweitiger Sinngehalt der Vorschrift nicht feststellen läßt. Die Begründung zum Regierungsentwurf[235] beschränkt sich auf die Aussage, bei Sammlungen, die überwiegend Reden desselben Urhebers enthalten, überwöge dessen Interesse an der Verwertung seiner Werke gegenüber dem berechtigten Informationsinteresse der Allgemeinheit. Eine solche Interessenbewertung läßt sich genau genommen nur für einen Einzelfall treffen. Sie kann als Ratio für eine generelle Vorschrift eigentlich nur dann dienen, wenn die von der Vorschrift abgedeckten Einzelfälle wenigstens im allgemeinen durch die gleiche Interessenlage gekennzeichnet sind.

Bei den durch § 48 Abs. 1 Nr. 2 und Abs. 2 UG erfaßten Sachverhalten dürfte dies nicht zutreffen. Z. B. kann das Interesse der Öffentlichkeit, die Entwicklung eines Politikers durch eine Zusammenfassung (allein) seiner Bundestagsreden verfolgen zu können, größer sein als das öffentliche Interesse an einer Zusammenstellung von Reden unterschiedlicher Politiker zu einem Sachthema. Und der Politiker im genannten Fall könnte durchaus ein Interesse haben, seine Reden überhaupt nicht zu verwerten, sondern ihre gesammelte Veröffentlichung zu verhindern. Da somit keine generelle Interessenbewertung möglich ist, die eine anderweitige Konkretisierung der Vorschrift erlaubte, ist die nach dem Wortlaut nächstliegende Auslegung vorzuziehen.

Die genannte Unschärfe der der Vorschrift zugrunde liegenden Interessenbewertung könnte für die Speicherung in einer Datenbank eine weitere Auslegungsfrage von noch größerer praktischer Bedeutung mit sich bringen. Wie ist zu entscheiden, wenn die unter § 48 Abs. 1 Nr. 2 UG fallenden Reden einer größeren Zahl von Urhebern vollständig (oder überwiegend) gespeichert werden? Nach dem Wortlaut greift dann der Vorbehalt zugunsten der Urheber nach § 48 Abs. 2 UG nicht ein, denn bezogen auf die in der Datenbank insgesamt enthaltene Sammlung überwiegen die Reden eines einzelnen Urhebers nicht. Dies würde die Ursache in einem Umfang

---

234 *Möhring/Nicolini*, Anm. 13 zu § 48 UG.
235 Begründung S. 66 = UFITA Bd. 45 (1965) S. 282.

der Sammlung haben, an den man bei Schaffung des Vorbehalts nicht gedacht hat. Rechtfertigt das eine andere Auslegung des § 48 Abs. 2 UG, weil er sonst seine „Bremsfunktion“ nicht erfüllen kann?
Die Frage ist zu verneinen, weil auch hier sich die Zielrichtung der Vorschrift als zu unscharf erweist, um eine Abweichung vom Wortlaut zu rechtfertigen. Schließlich entnimmt die Vorschrift den Maßstab für die Begrenzung der Vervielfältigungsfreiheit nur dem Verhältnis der Reden zu der Sammlung im ganzen, deren Umfang auch bei traditionellen Sammlungen vom Herausgeber beliebig bestimmt werden kann, sei es auch nur, um die Wirkung des § 48 Abs. 2 UG auszuschließen.

5. § 49 Abs. 1 UG

Ohne Zustimmung des Urhebers dürfen einzelne Rundfunkkommentare und einzelne Artikel über bestimmte Tagesfragen aus Zeitungen und anderen lediglich Tagesinteressen dienenden Informationsblättern vervielfältigt und verbreitet werden, allerdings nur wieder in Zeitungen und anderen lediglich Tagesinteressen dienenden Informationsblättern, § 49 Abs. 1 UG.
Daß die Speicherung in einer elektronischen Datenverarbeitungsanlage (im Hinblick auf die Möglichkeit von Ausdrucken der gespeicherten Texte) als Vervielfältigung in einem Informationsblatt angesehen werden kann, wurde oben[236] bereits zu § 48 Abs. 1 Nr. 1 UG dargelegt. Anders als dort wird aber für § 49 Abs. 1 UG verlangt, daß die Informationsorgane *lediglich* Tagesinteressen dienen. Diese enge Voraussetzung wird – zumindest in absehbarer Zeit – kaum durch eine Datenbank erfüllt werden. Rein rechtlich ist die Anwendbarkeit der Vorschrift jedoch denkbar.

6. § 49 Abs. 2 UG

Urheberrechtlich unbeschränkt zulässig ist nach § 49 Abs. 2 UG die Vervielfältigung von vermischten Nachrichten tatsächlichen Inhalts und von Tagesneuigkeiten, die durch Presse oder Funk veröffentlicht worden sind.
Solche Nachrichten und Tagesneuigkeiten werden in der Regel keine persönlichen geistigen Schöpfungen, also keine Werke im Sinne von § 2 UG sein und daher ohnehin keinen urheberrechtlichen Schutz genießen. § 49 Abs. 2 UG stellt darüber hinaus klar, daß auch solche Nachrichten und Tagesneuigkeiten, die ausnahmsweise Werkcharakter haben, frei sind.

236 Vgl. oben unter C II 3.

Diese Bedeutung der Bestimmung ist in der Begründung[237] – gegenüber der früher herrschenden Meinung zu § 18 Abs. 3 UG – ausdrücklich hervorgehoben. Danach erübrigt sich die im Einzelfall unter Umständen schwierige Prüfung, ob eine persönliche geistige Schöpfung vorliegt.
Zu beachten bleibt aber, daß sich die Freistellung auf reine Tatsachenberichte beschränkt. Es genügt also nicht, daß beispielsweise ein Aufsatz eine Tatsachennachricht nur enthält[238]. In einem solchen Fall würde es sich bereits um einen Artikel im Sinn von § 49 Abs. 1 UG handeln. Die Unterscheidung erfolgt mithin allein nach dem Inhalt. Abzulehnen ist daher die Ansicht *von Gamms*[239]. Er gesteht zwar zu, daß § 49 Abs. 2 UG auch an sich schutzfähige Tatsachenberichte freistelle, weil die Vorschrift sonst überflüssig sei. Gleichwohl hält er bei Vorliegen einer besonderen Form wie novellistischer oder feuilletonistischer Darstellung lediglich die Wiedergabe der Tatsachenangaben als solche für zulässig. Nicht frei sei die Übernahme der besonderen Gestaltungsform, weil sie über den Regelfall der Ausnahme des § 49 Abs. 2 UG hinausgehe.
Diese Meinung widerspricht der (in der Begründung[240]) erklärten Absicht des Gesetzgebers, im Hinblick auf die Notwendigkeit einer schnellen Nachrichtenverbreitung eine Prüfung der besonderen Form der Nachricht überflüssig zu machen. Auch das Gesetz selbst bietet keinen Anhalt für die von *von Gamm* vorgeschlagene Differenzierung. Nach § 49 Abs. 2 UG ist ohne Einschränkung die Vervielfältigung der Nachrichten zulässig, d. h. aber der Nachrichten in der vorgefundenen Form.

7. § 53 UG

§ 53 UG gestattet, einzelne Vervielfältigungsstücke eines Werkes zum persönlichen Gebrauch herzustellen (Abs. 1) oder herstellen zu lassen (Abs. 2).
Das Urhebergesetz unterscheidet zwischen „persönlichem" (§ 53) und (sonstigem) „eigenem" Gebrauch (§ 54). Wegen dieser Differenzierung läßt sich nur der rein private Gebrauch als persönlicher Gebrauch ansehen. Ein solcher kommt nur bei natürlichen Personen in Betracht und steht im Gegensatz zur Nutzung aus beruflichen Gründen, die nicht mehr von § 53 UG begünstigt wird. § 53 könnte deshalb auf die Computer-Speicherung nur angewendet werden, wenn sich jemand neben seinem Beruf privat auf einem bestimmten Gebiet betätigt und zu diesem Zweck Werke speichert.

---

237 Begründung S. 66 = UFITA Bd. 45 (1965) S. 282.
238 *Möhring/Nicolini*, Anm. 14 zu § 49 UG.
239 Anm. 7 zu § 49 UG.
240 Begründung S. 66 = UFITA Bd. 45 (1965) S. 282.

Praktische Bedeutung kommt der Vorschrift für die Speicherung in elektronischen Datenverarbeitungsanlagen zum Zweck der Dokumentation daher nicht zu[241].

8. § 54 Abs. 1 UG

Die Untersuchung der bisherigen, sehr speziellen Tatbestände, welche Schranken des Vervielfältigungsrechtes enthalten, zeigt, daß ihre Anwendung zumeist gar nicht und gegebenenfalls wohl praktisch nur für einen Teil des in einer Datenbank gespeicherten Materials in Betracht kommt. Wie weit die Speicherung ohne Zustimmung der Urheber zulässig ist, hängt daher entscheidend von der Anwendbarkeit des § 54 Abs. 1 UG ab, der die Vervielfältigung zum (im Vergleich zum persönlichen) sonstigen eigenen Gebrauch privilegiert und mehrere Tatbestände umfaßt.

a) Gemeinsame Regelungen für alle Tatbestände des § 54 Abs. 1 UG

aa) Eigener Gebrauch

Alle Tatbestände des § 54 Abs. 1 UG haben drei Einschränkungen gemeinsam. Zunächst ist die Vervielfältigung jeweils nur zum eigenen Gebrauch zulässig, auch dort, wo – wie etwa im Fall der Nr. 4 a – der Gebrauchszweck nicht weiter eingegrenzt ist[242].

„Eigenen" Gebrauch können – im Gegensatz zu dem persönlichen Gebrauch im Sinne von § 53 UG auch juristische Personen oder Personengesellschaften machen[243]. Eigener Gebrauch heißt dabei soviel wie interner Gebrauch[244]. Außerdem ist das Merkmal zu lesen als „nur zum eigenen Gebrauch"[245]. Wo schon bei der Vervielfältigung ein Gebrauch ins Auge gefaßt wird, der nicht ausschließlich intern ist, greifen daher die Ausnahmevorschriften nicht ein[246].

Diese Einschränkung ist für Dokumentationssysteme, die Ausdrucke von gespeicherten Werken auch externen Benutzern zur Verfügung stellen wollen, sehr schwerwiegend. Sie ist in der Literatur teilweise übersehen

---

241 So auch *Brutschke* in NJW 1970 S. 890 r. Sp.; *Ulmer* in GRUR 1971 S. 301 l. Sp.

242 Begründung S. 72 = UFITA Bd. 45 (1965) S. 289.

243 Begründung S. 72 = UFITA Bd. 45 (1965) S. 289.

244 *Fromm/Nordemann*, Anm. 4 zu § 54 UG.

245 Begründung S. 72 = UFITA Bd. 45 (1965) S. 289.

246 Wie hier *Katzenberger* in GRUR 1973 S. 635.

worden. So wird die Ansicht vertreten[247], es dürften Vervielfältigungsstücke für externe Benutzer des Dokumentationsystems hergestellt werden, wenn zu deren Gunsten einer der Ausnahmetatbestände des § 54 Abs. 1 UG eingreife. Denn diese Bestimmung gebe das Recht, Vervielfältigungsstücke nicht nur selbst herzustellen, sondern auch durch Dritte herstellen zu lassen. Deshalb könne bei der Beurteilung der Zulässigkeit der Vervielfältigung – hier der Ausdrucke – auf die Person der externen Benutzer abgestellt werden. Dieser Ausgangspunkt ist zwar richtig. Im Ergebnis trifft diese Beurteilung aber nicht zu, wenn die Speicherung von vornherein mit der Zielsetzung erfolgt, (auch) Kopien für externe Benutzer zu liefern. Dann ist nämlich ohne Zustimmung des Werkberechtigten[248] schon die Speicherung im Computer nicht zulässig, weil sie nicht (ausschließlich) zum eigenen Gebrauch erfolgt[249].
Das Gleiche gilt, wenn die Sichtbarmachung der Werke für externe Benutzer – etwa auch mit Hilfe von Terminals für den Dialogverkehr an anderen Orten als dem Standort des Computers – vorgesehen ist. Diese Beurteilung muß unabhängig davon eingreifen, ob die Sichtbarmachung im Einzelfall als eine dem Urheber grundsätzlich vorbehaltene öffentliche Wiedergabe (§ 15 Abs. 2 UG) zu qualifizieren ist oder nicht. In jedem Fall schließt Sichtbarmachung der Werke für Dritte die Annahme eines nur eigenen Gebrauchs aus[250].
Die weitere Frage ist, ob die Begrenzung der Ausnahmebestimmungen des § 54 Abs. 1 UG auf den eigenen Gebrauch auch verbietet, Fundstellen aufgrund einer ohne Zustimmung erfolgten Speicherung von Werken nachzuweisen, ohne daß diese selbst (durch Sichtbarmachung oder Kopie) zugänglich gemacht werden.
Für die Regelung in Nr. 1 der Vorschrift hat dies zweifellos zu gelten, da bei geplantem Nachweis von Fundstellen die Speicherung nicht ausschließlich eigenen wissenschaftlichen Zwecken, die hier verlangt werden, dienen kann. Eine derartige Eingrenzung der eigenen Zwecke ist jedoch in den Nrn. 2 und 4 a nicht enthalten, so daß dort lediglich zu fragen ist, ob die Speicherung (auch) zu dem Zweck, Dritten auf Grund der Speicherung einschlägige Literatur zu Suchfragen nachzuweisen, noch als eigener Gebrauch angesehen werden kann.
Dies wird man bejahen müssen. Auch sonst dürfen ja die Ergebnisse der eigenen Nutzung gegenüber Dritten verwertet werden. Daß es sich da-

---

247 *Nordemann/Hertin* in NJW 1971 S. 860 und *Brutschke* S. 86 (dagegen *Goose* in DVR Bd. 2 / 1973 S. 127).
248 Vgl. *Ulmer* in GRUR 1971 S. 298.
249 Vgl. auch *Ulmer* in GRUR 1971 S. 301 l. Sp. und Begründung S. 72 = UFITA Bd. 45 (1965) S. 289. Zu Einzelheiten vgl. unter C IV 2.
250 So auch *Katzenberger* in GRUR 1973 S. 635.

bei um die Verfolgung eines gewerblichen Zwecks handeln kann, steht der Anwendung der Vorschriften, wie sich aus Absatz 2 ergibt, nicht entgegen. Da man keine Bedenken haben kann, wenn etwa auf Grund eines Archivs nach § 54 Abs. 1 Nr. 2 UG ein systematischer Fundstellennachweis herausgegeben wird, dann muß – bei der grundsätzlichen Anwendbarkeit der Vorschrift auf die Computerspeicherung überhaupt – auch der Fundstellennachweis, der durch Suchfragen veranlaßt wird, möglich sein.

Ein erhöhter Eingriff in die Rechte des Urhebers liegt darin nicht, denn Dritten wird durch den Nachweis – im Gegensatz zu Wiedergabe und Bereitstellung einer Kopie – die unmittelbare Nutzung des Werkes nicht ermöglicht. Der Nachweis liegt gerade im Interesse des Urhebers, dessen Werk dadurch unter Umständen einem größeren Interessentenkreis bekanntgemacht und von diesem dann in der herkömmlichen Weise genutzt wird.

Auf diesen Gesichtspunkt weist – für den Fall der Speicherung von Abstracts – auch *Ulmer*[251] hin. Er berichtet, daß in den USA die Verleger in der Regel die Benutzung der Abstracts in Datenbanken „wenn nicht ausdrücklich gestatten, so doch jedenfalls tolerieren". Die damit verbundene Unsicherheit der Rechtslage wird durch die hier vertretene Auffassung vermieden. Die von *Ulmer* für die Abstracts anerkannte Interessenbewertung trifft auf eine Speicherung des Originaltextes lediglich zum Nachweis eines Dokuments in gleicher Weise zu.

Katzenberger[252] meint, gegenüber solcher Beurteilung sei erhebliche Skepsis angebracht, weil das möglicherweise sogar im Volltext gespeicherte Material eines Tages auch in urheberrechtlich relevanter Weise abgerufen werden könne. Unter diesem Gesichtspunkt würden zumindest keine Bedenken gegen eine Einspeicherung bestehen, die nur zur Stichwortselektion oder Abstract-Erstellung erfolgt und nach der entsprechenden Verarbeitung wieder gelöscht wird[253]. Ob eine Anlage auf dauernde Volltextspeicherung ausgelegt ist oder nicht, wird sich wegen der grundsätzlich bekannten Kapazität der Speicher kaum verheimlichen lassen. Wenn daher eine dauernde Volltextspeicherung nicht möglich, vielmehr die Löschung des Volltextes nach der Verarbeitung notwendig ist, besteht die von Katzenberger befürchtete Abrufmöglichkeit von außen nicht.

Aber auch wenn eine dauernde Volltextspeicherung – für interne Zwekke – vorgesehen ist, sollte eine solche Möglichkeit die urheberrechtliche Wertung der Speicherung nicht ändern. Denn im Gegensatz zu manchen

---

251 *Ulmer*, Gutachten S. 44.
252 *Katzenberger* in GRUR 1973 S. 635.
253 Vgl. oben S. 4.

anderen urheberrechtlichen Verboten ist das Verbot der externen Werknutzung praktisch zu überwachen. Auch bei steigender Bedeutung und vermehrtem Betrieb von volltextspeichernden Datenbanken wird deren Zahl doch immer überschaubar sein. Wenn ihr Service gegenüber externen Benutzern eine urheberrechtlich relevante Zurverfügungstellung der gespeicherten Werke einschließt, wird das deshalb nicht verheimlicht werden können. Eine Überprüfung durch Verwertungsgesellschaften, die sich ohnehin mit den hier zugelassenen Nutzungen befassen müßten[254], läge – ohne besondere gesetzliche Ermächtigung – im Bereich des Möglichen[255]. Eine „graue Zone“ des Urheberrechts ist hier – anders als bei der lediglich internen Nutzung durch Fotokopieren in einer Unzahl von Unternehmen – nicht zu befürchten.
Gegen das oben gefundene Ergebnis bestehen daher keine Bedenken aus dem Gesichtspunkt eines vorbeugenden Schutzes der Urheber gegen eine Flut von unkontrollierbaren Vervielfältigungen[256]. Die Ausnahmetatbestände des § 54 Abs. 1 Nr. 2 und 4 a UG lassen also die Speicherung zu Zwecken des Fundstellennachweises gegenüber Dritten zu.

bb) Einzelne Vervielfältigungsstücke

Die zweite Einschränkung für alle Tatbestände des § 54 Abs. 1 UG besteht darin, daß nur „einzelne“ Vervielfältigungsstücke eines Werkes hergestellt werden dürfen. Wenn auch keine Übereinstimmung darüber besteht, wieviele Vervielfältigungen das exakt sind, so ist man sich doch überwiegend einig darin, die Begrenzung streng zu handhaben, um eine weitgehende Einschränkung des Vervielfältigungsrechtes des Urhebers zu vermeiden[257]. Erlaubt sei die Herstellung „eines“[258], „weniger“[259], „ei-

---

254 Weil in aller Regel gewerbliche Zwecke verfolgt werden, so daß nach § 54 Abs. 2 eine Vergütung zu zahlen ist, deren Einziehung nur bei Einschaltung einer Verwertungsgesellschaft praktikabel ist. Vgl. dazu unten unter F.

255 Die Lage ist deshalb anders als bei der Herstellung von Fotokopien im innerbetrieblichen Bereich und selbst bei extern in Auftrag gegebenen Fotokopien. Vgl. hierzu *Katzenberger* in GRUR 1973 S. 639 l. Sp. und Reichel, Börsenblatt (Frankfurter Ausgabe) 1972 Nr. 1 S. 12.

256 Das sind die Überlegungen, die vor allem Ulmer dazu veranlassen, den Ansatzpunkt der Kontrolle in aller Regel bereits für die Einspeicherung zu fordern: *Ulmer*, Gutachten S. 32 ff.

257 Vgl. *Möhring/Nicolini*, Anm. 2 zu § 54 UG, die – abgesehen von der später zu erörternden, vereinzelten Ansicht von *Bruhn* – die weitestgehende Ansicht vertreten.

258 *Fromm/Nordemann*, 2. Aufl., Anm. 2 a zu § 54 UG.

259 *von Gamm*, Anm. 5 zu § 54 UG.

niger weniger"[260], von „sechs bis sieben[261] oder von „höchstens zehn[262] Vervielfältigungsstücken.

Diesen Ansichten steht die stark abweichende Auffassung *Bruhns*[263] gegenüber. Er hält eine strenge Begrenzung wie in § 53 bei § 54 UG nur dann für richtig, wenn die Vervielfältigungsstücke nicht gewerblichen Zwecken dienen. Bei einer Nutzung zu gewerblichen Zwecken will er dagegen auf die Festlegung einer Höchstzahl verzichten, weil die vermögensrechtlichen Interessen der Urheber in diesem Fall durch die generelle Vergütungspflicht gemäß § 54 Abs. 2 UG ohnehin geschützt seien. Einer Auseinandersetzung mit Bruhn bedarf es an dieser Stelle jedoch nicht[264], weil die Speicherung im Computer schon vom Standpunkt der erstgenannten Ansichten aus als zulässig angesehen werden muß.

Auch wenn bis zur Speicherung in der Computeranlage mehrere Fixierungen vorgenommen werden, handelt es sich nur um „einzelne" Vervielfältigungsstücke im Sinn der genannten Grenzziehungen. Soweit die Beschränkung auf ein Vervielfältigungsstück vertreten wird, soll das nur für den Regelfall gelten[265]. Andernfalls stünde diese Auslegung auch mit dem Wortlaut des § 54 Abs. 1 UG, der ja ausdrücklich eine Mehrzahl, sc. „einzelne" Vervielfältigungsstücke zuläßt, nicht im Einklang.

Der letztgenannten Ansicht ist vor allem insoweit zuzustimmen, als die Grenzziehung als flexibel verstanden wird, so daß besonderen Umständen, die vom „Regelfall" abweichen, Rechnung getragen werden kann[266]. Deshalb läßt sich berücksichtigen, daß die der Speicherung vorhergehenden Fixierungen lediglich durch technische Notwendigkeiten erfordert werden, daß sie aber keiner selbständigen Nutzung dienen sollen. Ähnlich wie eine Zustimmung des Werkberechtigten zur Speicherung selbstverständ-

---

260 Gesamtvertrag zwischen der Inkassestelle für urheberrechtliche Vervielfältigungsgebühren und dem Bundesverband der Deutschen Industrie mit dazu vereinbarten Erläuterungen vom 15. Juli 1970, Ziff. III Abs. 1; teilweise Kleine, Nachr. Dok. 17 (1966), S. 133.

261 Bundesminister der Justiz, Antwort vom 16. Juli 1968 auf eine kleine Anfrage des Abgeordneten Dr. Schmidt-Wuppertal, Bundestagsdrucksache V/3229 S. 11, zitiert bei *Fromm/Nordemann*, 3. Aufl., Anm. 1 a) zu § 54 UG.

262 *Möhring/Nicolini*, Anm. 2 zu § 54 UG und *Nordemann/Hertin* in NJW 1971 S. 890.

263 *Bruhn* in UFITA Bd. 52 (1969) S. 119 f.

264 Vgl. dazu unten S. 74 f.

265 *Fromm/Nordemann*, 2. Aufl., Anm. 2 a zu § 54 UG. In der 3. Aufl. vertreten Fromm/Nordemann die Begrenzung auf ein Vervielfältigungsstück nicht mehr, sondern beschränken sich auf die Wiedergabe der Ansicht der Bundesregierung (sechs bis sieben) ohne eigene Stellungnahme.

266 So vor allem auch *von Gamm*, Anm. 10 zu § 54 UG.

lich die dazu notwendigen Fixierungen umfaßt[267], gilt das auch für die durch § 54 Abs. 1 UG ausgesprochenen Privilegierungen, die doch nutzungsfähige Vervielfältigungen ermöglichen wollen.
Wegen der besonderen Umstände des Speicherungsvorgangs ist dieser wie sonst die Herstellung einer Vervielfältigung privilegiert. Bei Vorliegen der sonstigen Voraussetzungen eines Ausnahmetatbestandes wäre damit jedenfalls die Speicherung nur zur Auswertung durch die Maschine zustimmungsfrei möglich. Soll die Speicherung dagegen auch als Grundlage für die spätere Bereitstellung der Werke dienen, so hilft diese Privilegierung praktisch nichts, wenn nicht auch die Bereitstellung ohne Zustimmung des Werkberechtigten als zulässig angesehen werden kann, wobei nach dem oben Gesagten ohnehin nur eine interne Bereitstellung in Betracht kommt. Wie weit das der Fall ist, ist erst im Zusammenhang von Wiedergabe und Ausdruck zu prüfen.

cc) Verbot von Verbreitung und öffentlicher Wiedergabe

Die dritte für alle Fälle des § 54 Abs. 1 UG geltende Beschränkung ist das Verbot der Verbreitung und der öffentlichen Wiedergabe der nach dieser Vorschrift hergestellten Vervielfältigungen. Eine Verbreitung im Sinne von § 17 UG kommt bei der in der Speicherung liegenden Vervielfältigung nicht in Betracht, weil sie nicht der Öffentlichkeit angeboten oder in Verkehr gebracht werden kann. Es wäre daher nur ein Verbot der Nutzung zu öffentlichen Wiedergaben zu prüfen. Dieses betrifft jedoch nicht die Zulässigkeit der Speicherung selbst und ist deshalb ebenfalls erst im Zusammenhang mit der Bereitstellung (Wiedergabe) von gespeicherten Texten zu untersuchen.

b) § 54 Abs. 1 Nr. 4 a UG

Von den einzelnen Ausnahmetatbeständen des § 54 Abs. 1 UG können für eine Datenbank drei von praktischer Bedeutung sein: Nr. 1, Nr. 2 und Nr. 4 a.
Keinerlei Anforderungen an den Zweck des eigenen Gebrauchs werden in § 54 Abs. 1 Nr. 4 a UG gestellt[268]. Die Vervielfältigungsbefugnis ist allerdings auf kleine Teile eines erschienenen Werkes und auf einzelne Aufsätze beschränkt, die in Zeitungen oder Zeitschriften erschienen sind. Wann es sich um „kleine Teile“ bzw. nur um „einzelne“ Aufsätze handelt, ist umstritten.

---

267 Vgl. *Katzenberger/Kolle* in Gesetzesplanung S. 196 = Nachr. Dok. 23 (1972) S. 100.
268 Vgl. *Fromm/Nordemann*, Anm. 8 zu § 54 UG.

Die Begründung enthält dazu keine direkte Äußerung. Zunächst ist festzustellen, daß die Beschränkung auf kleine Teile quantitativ zu verstehen ist[269]. Mit *Bruhn*[270] muß man davon ausgehen, daß eine quantitative Begrenzung aus praktischen Erwägungen nicht in Betracht kommt. Außerdem würde sich eine Wertungsungleichheit gegenüber der zulässigen Vervielfältigung ganzer Aufsätze aus Zeitungen und Zeitschriften ergeben.

Aus letzterem Grund kann es auch nicht richtig sein, unter kleinen Teilen nur jeweils eine Seite zu verstehen[271]. Hätte der Gesetzgeber die Vervielfältigung auch nur ungefähr auf diese Größenordnung beschränken wollen, so hätte eine präzise Formulierung in dieser Richtung, wie z. B. „wenige Seiten", nahegelegen, zumal die Unschärfe des Begriffs dem Gesetzgeber durchaus bewußt war[272]. Der Wortlaut der Bestimmung deutet darauf hin, daß die Begrenzung in Abhängigkeit von der Größe des ganzen Werkes steht.

Eindeutig ist zunächst die Vervielfältigung eines ganzen Werkes ausgeschlossen. Lautete die Beschränkung lediglich auf „Teile" eines Werkes, so wäre eine Teilvervielfältigung zulässig, sofern sie nur nicht bei praktischer Betrachtungsweise auf eine Kopie des Ganzen hinausliefe. Diese Grenze wäre wohl bei 80 % nicht überschritten. Von einem „kleinen" Teil müßte man dann sprechen können, wenn die Hälfte eines „Teils" sehr deutlich unterschritten wird. Das ist meines Erachtens bei 33 % noch der Fall. Jedenfalls liegen nach dieser Überlegung die von *Fromm/Nordemann*[273] und *Bruhn*[274] genannten 20 % innerhalb des zulässigen Bereichs.

Daß die begriffliche Argumentation auch wertungsgemäß das Richtige trifft, läßt sich aus der Begründung[275] entnehmen, deren Bewertung der wirtschaftlichen Interessenlage mit dem genannten Rahmen Rechnung getragen sein dürfte.

Entsprechende Überlegungen wie für die Auslegung des Begriffs „kleine Teile" müssen für die Bestimmung gelten, wann es sich um „einzelne" Artikel handelt. Soweit die vervielfältigten Artikel 20 % des Umfangs der

---

269 Vgl. *von Gamm*, Anm. 12 a zu § 54 UG in Verbindung mit Anm. 5 zu § 49 UG.

270 *Bruhn* in UFITA Bd. 52 (1969) S. 128 gegen *Kleine* Nachr. Dok. 17 (1966) S. 133.

271 So zutreffend *Bruhn* in UFITA Bd. 52 (1969) S. 128 Anm. 56 gegen *Kleine*, Nachr. Dok. 17 (1966) S. 133.

272 Begründung S. 67 = UFITA Bd. 45 (1965) S. 283 (zu § 51 UG), worauf *Fromm/Nordemann*, Anm. 8 a zu § 54 UG, hinweisen.

273 *Fromm/Nordemann*, Anm. 8 a zu § 54 UG.

274 *Bruhn* in UFITA Bd. 52 (1969) S. 128.

275 Begründung S. 73 = UFITA Bd. 45 (1965) S. 290.

Zeitungen und Zeitschriften bzw. 20 % der Artikel nicht übersteigen, liegt danach die Vervielfältigung im Rahmen des Zulässigen.
Eine andere Auffassung der Begriffe „kleine Teile“ und „einzelne Aufsätze“ vertreten allerdings *Möhring/Nicolini*[276]. Sie meinen, zur Erläuterung müßten auch hier die Ausführungen der Kandinsky-Entscheidung[277] des BGH zum Begriff „einzelne Werke“ in § 51 UG beachtet werden. Deshalb seien „unter einzelnen Aufsätzen nur ‚einige wenige‘ zu verstehen und nicht etwa im Verhältnis zum umfangreichen Gesamtwerk eines Urhebers nur wenige“[278].
Gegen diese Auffassung bestehen Bedenken schon deshalb, weil die Ausführungen des BGH – unter Einbeziehung wirtschaftlicher Überlegungen – speziell auf § 51 Nr. 1 UG abgestellt sind[279]. Den wirtschaftlichen Überlegungen, auf denen § 54 Nr. 4 a UG beruht, ist mit der hier vertretenen Meinung Rechnung getragen, während die Ansicht *Möhring/Nicolinis* Unklarheiten schafft, welche das Gesetz vermeiden will. So läßt die Bestimmung keine Begrenzung der Vervielfältigungsbefugnis im Verhältnis zum Gesamtwerk eines Urhebers erkennen. Bezugspunkt für die quantitative Abgrenzung ist vielmehr das einzelne selbständige Werk bzw. die Zeitung oder Zeitschrift, aus der einzelne Aufsätze vervielfältigt werden. Die Streitfrage kann praktisch relevant werden, wenn etwa aus einer Zeitschrift vorwiegend oder ausschließlich jeweils die Berichte, Aufsätze oder Kolumnen eines Autors wegen ihrer besonderen Bedeutung vervielfältigt werden. Das muß nach dem oben Gesagten zulässig sein, auch wenn es sich um die einzigen Werke des betreffenden Autors handelt.
Vorausgesetzt ist dabei allerdings, daß es gestattet ist, eine und dieselbe Zeitung oder Zeitschrift auch fortlaufend auf die Vervielfältigung einzelner Aufsätze hin auszuwerten. Gegenteiliges läßt sich aber weder aus Wortlaut noch aus Sinn und Zweck der Vorschrift entnehmen. Die Bestimmung will den Benutzer nicht zur Mitanschaffung zahlreicher Aufsätze zwingen, die aus verlegerischer Notwendigkeit zusammengefaßt sind, wenn er nur einen oder wenige Aufsätze benötigt[280]. Diese Überlegung gilt unabhängig davon, ob der Benutzer einmal oder ständig hintereinander einzelne Aufsätze einer Zeitschrift vervielfältigen möchte.

---

276 *Möhring/Nicolini*, Anm. 6 a zu § 54 UG.
277 BGH, Urteil vom 3. April 1968, I ZR 83/66 – Kandinsky, BGHZ 50, 147 ff. = GRUR 1968 S. 607 ff. = UFITA Bd. 52 (1969) S. 223 ff.
278 *Möhring/Nicolini*, Anm. 6 a zu § 54 UG unter Hinweis auf BGHZ 50, 158 = GRUR 1968, 611 f. = UFITA Bd. 52 (1969) S. 231.
279 Deutlich BGHZ 50, 147 (158, 159) = GRUR 1968 S. 607 (611) = UFITA Bd. 52 (1969) S. 223 (231, 232) – Kandinsky.
280 Begründung S. 73 = UFITA Bd. 45 (1965) S. 290.

Die Auffassung von *Möhring/Nicolini* trägt im übrigen auch nicht dem Fall Rechnung, daß eine Zeitung oder Zeitschrift vergriffen ist. Auch hierfür will die Bestimmung nach der Begründung eine Lösung schaffen, da Nr. 4 b insoweit keine befriedigende Regelung bietet. Die Interessen der Urheber hält das Gesetz entsprechend der Entscheidung des BGH vom 24. Juni 1955[281] zum alten Recht durch die Vergütungspflicht des § 54 Abs. 2 UG für gewahrt. Auch dadurch stellt sich die Interessenlage anders dar als in § 51 Nr. 1 UG.

c) § 54 Abs. 1 Nr. 2 UG

Die Vorschrift des § 54 Abs. 1 Nr. 4 a UG greift nicht ein, wenn sich z. B. die Speicherung ganzer selbständig erschienener Werke oder aller Aufsätze einer Zeitung und Zeitschrift als notwendig erweist. In diesem Fall wäre die Speicherung unter den Voraussetzungen des § 54 Abs. 1 Nr. 2 UG zulässig, wenn sie als Archivierung angesehen werden könnte[282]. Herkömmlich, d. h. ohne Bezug zur Einspeicherung im Computer, wird das Archiv als geordnete Sammlung von Geistesgut verstanden[283], wobei *von Gamm*[284] ausdrücklich die mögliche Nutzung zu Dokumentations- und Informationszwecken nennt. Danach läßt sich die Speicherung in einer elektronischen Datenverarbeitungsanlage als Aufnahme in ein Archiv verstehen[285]. Dieser Auffassung wird entgegengehalten[286], sie verkenne

---

281 BGH, Urteil vom 24. Juni 1955, I ZR 88/54 – Fotokopie, BGHZ 18, 44 ff. = GRUR 1955 S. 544 ff. = UFITA Bd. 20 (1955) S. 346 ff.

282 Gegen die Anwendbarkeit von § 54 Abs. 1 Nr. 2 UG mit unterschiedlichen Begründungen *Brutschke* S. 85; *Katzenberger* in GRUR 1973 S. 635; *Katzenberger/Kolle* in: Gesetzesplanung S. 199 = Nachr. Dok. 23 (1972) S. 101; *Nordemann/Hertin* in NJW 1971 S. 860; *Ulmer* in GRUR 1971 S. 301.

283 *Möhring/Nicolini*, Anm. 4 zu § 54 UG.

284 *von Gamm*, Anm. 10 zu § 54 UG.

285 Daß dies von der sprachlichen Bedeutung des Wortes her naheliegt, sagen auch *Katzenberger/Kolle* in: Gesetzesplanung S. 199 = Nachr. Dok. 23 (1972) S. 101. Widersprüchlich ist die von *Katzenberger* in GRUR 1973 S. 633 und S. 635 vorgenommene Differenzierung. Er läßt einerseits Mikrofilmarchive zu, soweit sie nicht angelegt wurden, „um systematisch und in erster Linie fremde Kopierwünsche zu erfüllen" (S. 633). Dagegen soll ein mit Computer-Speicherung arbeitendes Archiv mit gleicher Funktion, auch wenn die Fremdnutzung ausgeschlossen ist, nicht als Archiv im Sinne von § 54 Abs. 1 Nr. 2 UG anzusehen sein. Diese Unterscheidung läßt sich begrifflich nicht rechtfertigen. Dazu, daß auch kein Unterschied in den maßgebenden Funktionen besteht, vgl. den Text. Zur Funktion der Archivierung vgl. auch *Drost* in: Verband der Bibliotheken des Landes Nordrhein-Westfalen, Mitteilungsblatt, neue Folge Jahrgang 18, 1968 S. 319.

286 *Ulmer* in GRUR 1971 S. 301; so auch *Katzenberger/Kolle* in: Gesetzesplanung S. 199 = Nachr. Dok. 23 (1972) S. 101 und *Katzenberger* in GRUR 1973 S. 635.

den Sinn der Ausnahmevorschrift des § 54 Abs. 1 Nr. 2 UG, wie er sich aus der Begründung[287] ergebe. Dort wird als Beispielsfall für die Archivierung die Mikroverfilmung zur Raumersparnis oder zum Schutz vor Katastrophen genannt. Die Einspeicherung im Computer diene dagegen nicht primär dem Zweck, ein weiteres Exemplar in Reserve zu halten; sie solle vielmehr in erster Linie dem Bedürfnis genügen, eine leicht zugängliche Quelle für Informationen und Reproduktionen bereitzustellen. Deshalb stehe sie der Herstellung eines Drucksatzes oder eines Klischees näher als der Archivierung. Diese Überlegungen treffen aber zunächst einmal nicht zu auf die Fälle, in denen die Speicherung nur zur Deskriptorenerstellung, nicht aber zur Sichtbarmachung und zum Ausdruck der Werke dient[288]. Auch für die übrigen Fälle rechtfertigen es meines Erachtens die Bedenken *Ulmers* nicht, die Einspeicherung im Computer generell aus dem Begriff der Aufnahme in ein Archiv auszuscheiden. Selbst der in der Begründung nur beispielhaft genannte Fall der Mikroverfilmung zur Raumersparnis beschränkt sich doch nicht auf den Zweck, ein weiteres Exemplar in Reserve zu halten[289]. Die Anderartigkeit der Computerspeicherung ergibt sich nur dadurch, daß die Wiederauffindungsmöglichkeiten gesteigert sind.

Diese Besonderheit ist der primäre Grund für die Verwendung von elektronischen Datenverarbeitungsanlagen in der Dokumentation. Sie kann den Vergleich mit Drucksatz oder Klischee nicht tragen, dagegen verträgt sie sich mit der traditionellen Zielsetzung eines Archivs oder steht damit zumindest nicht in Widerspruch.

Zuzugeben ist natürlich, daß zusätzlich auch eine drucksatzähnliche Nutzung der Speicherung in Betracht kommt. Um diese auszuschließen bzw. entscheidend einzugrenzen, bedarf es indessen der radikalen Restriktion des Archivbegriffes nicht. Denn diese Begrenzung wird bereits durch die übrigen Tatbestandsvoraussetzungen gezogen: Durch die Zulassung der Vervielfältigung nur zum eigenen Gebrauch ergibt sich nach dem oben Gesagten die Beschränkung auf die interne Verwertung[290].

Andererseits schränkt die Zulassung der Herstellung nur einzelner Vervielfältigungsstücke die drucksatzartige Nutzung der Speicherung ein.

---

287 Begründung S. 73 = UFITA Bd. 45 (1965) S. 269.

288 Vgl. die Sachverhaltsbeschreibung bei *Ulmer*, Gutachten S. 6 und oben S. 4.

289 Vgl. *Katzenberger* in GRUR 1973 S. 633.

290 Das betont auch *Ulmer* in GRUR 1971 S. 301 l. Sp. für die von ihm in diesem Zusammenhang allein für möglich gehaltene Anwendung des § 54 Abs. 1 Nr. 4 a UG. Anders *Nordemann/Hertin* in NJW 1971 S. 860 und *Brutschke* S. 85 f., der zwar für Nr. 2, nicht aber für Nr. 4 a des § 54 Abs. 1 UG die Beschränkung auf die interne Nutzung anerkennt; hiergegen *Goose* in DVR Bd. 2 / 1973 S. 127.

Insoweit wäre die Ausnahme gerade der Computerspeicherung von der Archivierung auch ein ungeeignetes Mittel zur Einschränkung. Denn die auch nach der Begründung zulässige Mikroverfilmung schafft die gleichen Reproduktionsmöglichkeiten, so daß im Ergebnis keine weitere Einschränkung von Vervielfältigungsmöglichkeiten, sondern lediglich ein Zwang bewirkt wäre, statt des Computer ein Mikrofilmarchiv für die Bereitstellung von Kopien zu benutzen.
Im Endeffekt würde daher die hier abgelehnte Auffassung nur die zustimmungsfreie Nutzung der durch den Computer eröffneten (internen) Wiederauffindungsmöglichkeiten verhindern, ohne den Urhebern einen Vorteil zu bringen. Die Speicherung im Computer, wie sie hier in Frage steht, läßt sich deshalb als Aufnahme in ein Archiv im Sinne von § 54 Abs. 1 Nr. 2 UG verstehen. Wenn die Vervielfältigung zu diesem Zweck geboten ist und als Vorlage ein eigenes Werkstück benutzt wird, ist die Speicherung daher nach dieser Vorschrift ohne die Zustimmung des Werkberechtigten zulässig.

d) § 54 Abs. 1 Nr. 1 UG

§ 54 Abs. 1 Nr. 1 UG erlaubt die Vervielfältigung zum eigenen wissenschaftlichen Gebrauch, wenn und soweit sie zu diesem Zweck geboten ist. Fraglich ist, wann der Gebrauch als wissenschaftlich angesehen werden kann[291]. Gilt die Bestimmung auch für die zu gewerblichen Zwecken, insbesondere in gewerblichen Unternehmen selbst betriebene Wissenschaft?[292]
Zweifel an der Bejahung dieser Fragen erweckt die Begründung zum Regierungsentwurf des UG. Zu der Vorschrift des § 54 Abs. 1 Nr. 1 UG führt sie[293] nur Wissenschaftler und wissenschaftliche Institute als Begünstigte an. Noch stärkere Zweifel könnten sich aus der Begründung zu § 54 Abs. 1 Nr. 4 a UG[294] ergeben. Dort wird das Bedürfnis für diese – vom zulässigen Vervielfältigungsumfang her engere – Ausnahmevorschrift mit dem Beispiel von wissenschaftlichen und technischen Arbeiten zu beruflichen Zwecken belegt.

---

291 Vgl. *von Gamm*, Anm. 9 zu § 54 UG; *Fromm/Nordemann*, Anm. 5 zu § 54 UG; *Möhring/Nicolini*, Anm. 3 zu § 54 UG.

292 *Ulmer*, in GRUR 1971 S. 301 l. Sp., beschränkt die Vorschrift ohne Begründung auf solche Computernutzungen, die selbst Bestandteil wissenschaftlicher Arbeiten sind, wie z. B. Literaturanalysen. Es besteht aber kein Grund, beim Computer anders als bei sonstigen Vervielfältigungsmedien die Bereitstellung der literarischen Hilfsmittel für die wissenschaftliche Arbeit von der Privilegierung auszunehmen.

293 Begründung S. 73 = UFITA Bd. 45 (1965) S. 289.

294 Begründung S. 73 = UFITA Bd. 45 (1965) S. 290.

Die Bedeutung dieser Aussage wird jedoch relativiert durch die spätere Erläuterung von § 54 Abs. 2 UG[295]. Dort heißt es, die Vergütungspflicht für Vervielfältigungen zu gewerblichen Zwecken trete in allen Fällen der Vervielfältigung zu sonstigem eigenem Gebrauch ein, d. h. in allen Fällen von § 54 Abs. 1 UG. Danach muß eine gewerbliche Nutzung auch im Fall der Nr. 1 vorausgesetzt sein[296].
Im Gesetz selbst hat jedenfalls ein Ausschluß der Wissenschaft, die (auch) gewerbliche Zwecke fördert, bei § 54 Abs. 1 Nr. 1 UG schlechterdings keinen Ausdruck gefunden. Ein innerer Anlaß zu solcher Einordnung besteht nicht. Eine unterschiedliche Behandlung innerhalb der Nr. 1 ergibt sich nur dadurch, daß beim Vorliegen von gewerblichen Zwecken durch § 54 Abs. 2 UG eine Vergütungspflicht begründet wird[297].
Die Vervielfältigung ist zum Zweck des wissenschaftlichen Gebrauchs geboten, wenn angenommen werden kann, daß sie die wissenschaftliche Arbeit nicht unwesentlich erleichtert oder verkürzt[298]. Das gilt für alle Speicherungen, die der schnelleren oder genaueren Wiederauffindung von Werken dienen, die zur wissenschaftlichen Arbeit erforderlich sind und bei denen eine vollständige Literaturübersicht nach herkömmlichen Methoden nicht mit gleicher Wirksamkeit hergestellt werden kann.

III. Verarbeitung im Computer

Wenn im Zusammenhang mit der Verarbeitung des eingespeicherten Werkes innerhalb der Maschine weitere körperliche Fixierungen erfolgen, so können diese ebenso wie die vorhergehenden Festlegungen oder die Speicherung selbst Vervielfältigungen darstellen[299]. Solche neuen Fixierungen werden etwa vorgenommen, wenn ein in externen Speichern festgehaltener Text zur Verarbeitung in den Kernspeicher übertragen wird.
Brutschke meint demgegenüber, der Vorgang würde überhaupt nicht unter die in § 15 Abs. 1 UG aufgezählten Verwertungshandlungen fallen[300]. Aber an die Vervielfältigung werden nach dem oben Gesagten[301], keine weiteren Anforderungen gestellt, als daß es sich um eine körperliche Fi-

---

295 Begründung S. 74 = UFITA Bd. 45 (1965) S. 291.
296 So ausdrücklich *von Gamm*, Anm. 9 zu § 54 UG.
297 Vgl. unten unter E.
298 Vgl. die Formulierungen bei *Möhring/Nicolini*, Anm. 3 zu § 54 UG und *Fromm/Nordemann*, Anm. 5 zu § 54 UG.
299 *Nordemann/Hertin* in NJW 1971 S. 859; *Katzenberger/Kolle* in: Gesetzesplanung S. 197 = Nachr. Dok. 23 (1972) S. 100; a. A. *Brutschke* S. 77 f.
300 *Brutschke* S. 77 f.
301 Vgl. oben S. 44 ff., 48.

xierung des Werkes handelt. Davon geht auch *Brutschke*[302] aus. Daß die körperliche Festlegung durch entsprechende Magnetisierungszustände in Speichern diesen Anforderungen genügt, wird für die Einspeicherung von *Brutschke*[303] ebenfalls angenommen. Es ist nicht ersichtlich, warum eine wiederholte Festlegung in der gleichen Art anders beurteilt werden sollte.

Auch *Brutschke*[304] will allerdings, weil die Aufzählung in § 15 Abs. 1 UG nur beispielhaft sei, die Annahme einer Verwertungshandlung nicht wegen der mangelnden Qualifikation als Vervielfältigung ablehnen. Der Verarbeitungsvorgang stelle aber auch keine Verwertungshandlung im weiteren Sinn dar, weil der Vorgang nicht neu sei. Neu sei nur das Verfahren, sich elektronischer Hilfsmittel zu bedienen. Früher habe man Dokumente selbst auf einen bestimmten Verwendungszweck hin prüfen müssen. Wenn die elektronische Datenverarbeitungsanlage jetzt diese Untersuchung durchführe, tue sie im Grunde nichts anderes, als das Werk zu lesen, was keine Verwertungshandlung darstelle. Dieser Vergleich darf aber die Qualifikation nicht beeinflussen, weil das „Lesen" der Maschine eben mittels einer körperlichen Festlegung erfolgt, und jede solche Festlegung vom Urhebergesetz als Vervielfältigung angesehen wird.

Allerdings kann es sich bei den Fixierungen im Arbeitsspeicher jeweils um so kleine Textteile handeln, daß sie für sich allein mangels genügender individueller Prägung nicht dem Urheberschutz unterliegen. Dann würde sich die Frage stellen, ob die einzelnen Teile, die zusammen den ganzen Text darstellen, wegen der ungeheuren Geschwindigkeit, mit der sie im Kernspeicher nacheinander fixiert werden, zusammen als eine Vervielfältigung des ganzen Textes zu betrachten sind. Dies kann jedoch offen bleiben, ebenso wie sich eine genaue Untersuchung der technischen Vorgänge erübrigt. Denn die Verarbeitung, welche die Wiederauffindung ermöglichen soll, erfolgt nur einmal nach der Einspeicherung[305].

Eine etwaige Vervielfältigung würde daher in gleicher Weise wie die Speicherung selbst von den genannten Ausnahmetatbeständen umfaßt, wie andererseits eine Einwilligung des Urhebers zur Speicherung sich auf die damit zusammenhängenden technischen Vorgänge für die ins Auge gefaßten Zwecke erstrecken würde[306].

---

302 *Brutschke* S. 71 ff.
303 *Brutschke* S. 72.
304 *Brutschke* S. 78.
305 Vgl. oben S. 4.
306 *Katzenberger/Kolle* in: Gesetzesplanung S. 197 = Nachr. Dok. 23 (1972) S. 100.

IV. Ausdrucke aufgrund der Speicherung im Computer

1. Anwendungsbereich von Ausnahmetatbeständen

Jeder Ausdruck eines Werkes stellt wiederum eine Vervielfältigung dar. Ihre Herstellung kann ohne Genehmigung des Urhebers nur zulässig sein, wenn einer der Tatbestände erfüllt ist, die das Vervielfältigungsrecht des Urhebers insoweit beschränken. Nach den obigen Untersuchungen hat sich aber gezeigt, daß bereits Speicherung (und unter Umständen Verarbeitung) von Ausnahmetatbeständen des § 54 Abs. 1 UG nur dann erfaßt werden, wenn sie lediglich dem eigenen Gebrauch dienen[307]. Das heißt, daß die Texte für die externe Nutzung in diesen Fällen nicht zur Verfügung gestellt werden dürfen, wenn keine Zustimmung der jeweiligen Urheber vorliegt. Diese Wertung gilt unabhängig davon, ob die Verwertungshandlung aus der Sicht des Dritten privilegiert ist oder ob es sich um eine Verwertung handelt, die dem Urheber von vornherein nicht vorbehalten ist[308].
Ausnahmetatbestände können die Herstellung von Computerausdrucken für externe Nutzer also nur in 2 Fallgruppen privilegieren.
Die erste umfaßt die Fälle, in denen die Speicherung nicht nach § 54 Abs. 1 UG, sondern nach anderen Vorschriften gestattet ist. Wegen des geringen Anwendungsbereichs der §§ 45, 48, 49 und 53 UG für die Speicherung[309] ist diese Fallgruppe praktisch von sehr geringer Bedeutung.
Die zweite Gruppe umfaßt Fälle, in denen die Speicherung selbst von den Urhebern genehmigt wurde. Bei Erteilung der Genehmigung werden aber in der Praxis auch alle Fragen der Ausgabe von Werken und ihrer Vergütung vertraglich geregelt werden[310], ohne daß dabei den Ausnahmevorschriften Bedeutung zukäme.

2. Abgrenzung von interner und externer Nutzung

Da somit die Anwendbarkeit von Ausnahmevorschriften im wesentlichen nur bei der internen Nutzung praktische Bedeutung erlangen kann, ist der Bereich des eigenen Gebrauchs (der internen Nutzung) von der externen Nutzung abzugrenzen. Als intern ist nach dem oben Gesagten die Nutzung desjenigen anzusehen, der Berechtigter im Sinne von § 54 Abs. 1

---

307 Vgl. oben unter C II 8 a) aa), insbesondere S. 58.

308 Unrichtig daher *Brutschke* S. 86 und *Nordemann/Hertin* in NJW 1971 S. 860; vgl. dazu oben S. 58.

309 Vgl. oben unter C II 1 bis 7.

310 Vgl. *Ulmer* in GRUR 1971 S. 301.

UG ist, also derjenige, für dessen eigenen Gebrauch die Speicherung zugelassen wird. Das ist das Unternehmen, das die Datenbank betreibt (Datenbankbesitzer).
In diesem Zusammenhang ist zu entscheiden, ob die Ausdrucke im Einzelfall dem Unternehmen dienen oder etwa den Angestellten des Unternehmens, die mit ihnen arbeiten, z. B. den Mitarbeitern in der Forschungsabteilung eines Chemieunternehmens. *Heiseke*[311] schlägt – im Hinblick auf den gleichliegenden Fall der Fotokopien – folgende Differenzierung vor: Wenn der einzelne Angestellte sich zur Erleichterung seiner Arbeit eine Kopie anfertigt, soll es sich zwar nicht um dessen persönlichen, wohl aber um seinen eigenen, nämlich berufsbezogenen Gebrauch handeln. *Heiseke* unterscheidet den genannten von dem Fall, daß das Unternehmen den in Frage kommenden Angestellten Fotoduplikate von Abhandlungen, die für die von Interesse sein könnten, zur Verfügung stellt; denn dies geschehe auf Anordnung oder mit Willen der Organvertreter des Unternehmens.
Die unterschiedliche Behandlung der Fälle erscheint jedoch willkürlich[312]. Auch der einzelne Angestellte kopiert für das Unternehmen und fördert dessen Zwecke. Dies geschieht in abhängiger Stellung, seine Tätigkeit ist dem Unternehmen zuzurechnen[313]. Darin besteht der Unterschied zu einem Selbständigen, der zugunsten eines Unternehmens tätig wird. Der hier von Heiseke[314] gezogene Vergleich versagt deshalb.
Auch die vorliegend zu entscheidende Fallgestaltung zeigt, daß die Ansicht *Heisekes* zu Wertungswidersprüchen führen müßte: Daß die mit der Speicherung und evtl. mit der Verarbeitung verbundenen Vervielfältigungen für das Datenbankunternehmen als dem zur Vervielfältigung Befugten hergestellt werden, wäre auch nach seiner Auffassung anzunehmen. Warum sollte die Benutzung der Speicherung durch einzelne Angestellte, für deren Arbeit sie erfolgt ist, anders beurteilt werden? Sie dient in gleicher Weise den Zwecken des Unternehmens. Die Bestimmung, wer der zur Vervielfältigung Befugte ist, ist bisher vor allem wegen der Vorschrift des § 54 Abs. 2 UG von praktischer Bedeutung gewesen. Danach ist dem Urheber eine angemessene Vergütung für die Vervielfältigung zu zahlen, wenn diese gewerblichen Zwecken des zur Vervielfältigung Befugten dient. Das wird dann angenommen, wenn der Berechtigte der Gewerbesteuerpflicht unterliegt[315]. Das trifft auf die Angestellten nie zu. Der

---

311 *Heiseke* in DB 1967 S. 152.
312 Gegen Heiseke ausführlich *Hirsch/Kleinmann* in DB 1967 S. 671 ff. (672).
313 Vgl. *Hirsch/Kleinmann* in DB 1967 S. 672.
314 *Heiseke* in DB 1967 S. 152 r. Sp.
315 *Möhring/Nicolini*, Anm. 7 zu § 54 UG.

BGH[316] hat aber – vor Erlaß des UG – bei einem Gebrauch von Fotokopien durch den einzelnen Angestellten eine Benutzung zu gewerblichen Zwecken angenommen. An diese Rechtsprechung wollte der Gesetzgeber mit der Regelung des § 54 UG anknüpfen[316a].

Dies wird auch von Heiseke nicht verkannt[317]. Er meint jedoch[318] zu Unrecht, der Wortlaut der Vorschrift gebiete eine andere Beurteilung. Denn wer der „zur Vervielfältigung Befugte" ist, d. h. um wessen „eigenen Gebrauch" es sich handelt, wird durch den Wortlaut nicht entschieden. Es ist daher mit der herrschenden Meinung[319] anzunehmen, daß es sich bei einer Nutzung durch die Angestellten um einen „eigenen" Gebrauch des Unternehmens und damit um „interne" Nutzung im oben dargelegten Sinn handelt.

Bei der Bestimmung des internen Gebrauchs stellt sich weiter die Frage, ob etwa durch eine besondere gesellschaftsrechtliche Konstruktion erreicht werden kann, daß sich die Verwendung bei den Benutzern als interner Gebrauch des Datenbankunternehmens ansehen läßt. Könnten sich z. B. mehrere Unternehmen die Möglichkeit von Volltextausdrucken aus einer Datenbank dadurch erschließen, daß sie gemeinsam eine Gesellschaft gründen, welche die Datenbank betreibt?

Dann wären Benutzer- und Gesellschafterkreis identisch. Auch in einem solchen Fall kann aber die Herstellung von Computerausdrucken durch einen Benutzer noch nicht als Eigengebrauch der Gesellschaft angesehen werden. Dies zeigt sich besonders augenfällig, sofern es sich um eine Gesellschaft mit eigener Rechtspersönlichkeit handelt. Von ihr aus gesehen ist jeder Benutzer, auch wenn er Gesellschafter ist, ein Außenstehender. Die Rechtsbeziehung unterscheidet sich insofern nicht von der zu einem sonstigen Kunden des Unternehmens. Nicht anders verhält es sich bei einer nicht rechtsfähigen Gesellschaft (bürgerlich-rechtliche Gesellschaft, OHG, KG). Das Unternehmen würde hier allen Gesellschaftern gemeinsam in gesamthänderischer Verbundenheit gehören, während Benutzer die einzelnen Gesellschafter wären. Die Herstellung von Computerausdrucken erfolgt also in diesem Fall – vom Datenbankunternehmen aus gesehen – nicht zum eigenen Gebrauch und würde als externe Nutzung anzusehen sein.

---

316 BGH, Urteil vom 24. Juni 1955, I ZR 88/54 – Fotokopie, BGHZ 18, 44 ff. = GRUR 1955 S. 544 ff = UFITA Bd. 20 (1955) S. 346 ff. Dazu *Krüger-Nieland* in GRUR 1957 S. 540.

316a Begründung S. 32 = UFITA Bd. 45 (1965) S. 245 f.

317 *Heiseke* in DB 1967 S. 152.

318 *Heiseke* in DB 1967 S. 152.

319 Vgl. *Fromm/Nordemann*, Anm. 9 zu § 54 UG; *von Gamm*, Anm. 7 zu § 54 UG; *Hirsch/Kleinmann* in DB 1967 S. 671; *Möhring/Nicolini*, Anm. 7 zu § 54 UG.

3. §§ 45, 48, 49 und 53 UG

Für die Privilegierung der Herstellung von Ausdrucken kommen alle schon bei der Speicherung genannten Tatbestände in Betracht. Für die §§ 45, 48, 49 und 53 UG kann auf die dort gemachten Ausführungen verwiesen werden[320]. Ihre Anwendung wird von den tatsächlichen Voraussetzungen her bei der Ausgabe häufiger möglich sein als bei der Speicherung, aber doch auch hier sehr begrenzt bleiben.

4. § 54 Abs. 1 UG

Ob die Herstellung von Ausdrucken zustimmungsfrei zulässig ist, hängt daher entscheidend davon ab, ob auch § 54 Abs. 1 UG anwendbar ist. Betrachtet man die Ausgabe isoliert, so ist das zu bejahen. Gerade bei dem wichtigsten Anwendungsfall, bei der internen Nutzung, stellt sich jedoch bei dieser Vorschrift ein Problem, weil bei der Ausgabe in der Regel die wiederholte Anwendung zugunsten desselben Berechtigten auf die Vervielfältigung eines Werkes in Frage steht, das schon bei der Speicherung (und gegebenenfalls bei der Verarbeitung) nach dieser Vorschrift vervielfältigt wurde. § 54 Abs. 1 UG gestattet in allen seinen Tatbeständen aber nur die Herstellung „einzelner" Vervielfältigungsstücke von einem Werk.
Daß die damit gezogene Grenze nicht überschritten würde, wenn von jedem gespeicherten Text nur ein Ausdruck hergestellt würde, läßt sich ohne weiteres bejahen[321]. Insoweit kann auf die Ausführungen verwiesen werden, die zur Anwendung der Vorschrift auf die Speicherung gemacht wurden[322]. Es ist jedoch davon auszugehen, daß – vor allem im Laufe der Zeit – von einer Reihe von Dokumenten immer wieder Ausdrucke gefertigt werden, weil sie sich häufiger als relevant erweisen. Hält sich eine solche – für das Dokumentationssystem wesentliche – Nutzung noch innerhalb des Rahmens, der durch § 54 Abs. 1 UG dadurch gezogen wird, daß nur „einzelne" Vervielfältigungsstücke eines Werkes angefertigt werden dürfen?

---

320 Vgl. oben unter C II 1 bis 7.

321 Deshalb ist das Problem für die §§ 45 Abs. 1 und 53 Abs. 1 UG nicht besonders zu diskutieren. Diese Vorschriften enthalten ebenfalls die Beschränkung auf „einzelne" Vervielfältigungsstücke. Nur dürfte dort selten eine wiederholte Anwendung in Betracht kommen. Die hier zu § 54 Abs. 1 UG vertretene Auffassung würde aber gegebenenfalls in gleicher Weise für die §§ 45 Abs. 1 und 53 Abs. 1 UG gelten.

322 Vgl. oben unter C II 8.

Wenigstens für die vermutlich nicht seltenen Fälle von gewerblicher Nutzung wäre die Frage eindeutig zu bejahen, wenn der Auffassung von *Bruhn*[323] zu folgen wäre. *Bruhn* will den Begriff „einzelne" Vervielfältigungsstücke in § 54 UG (anders als in § 53, nämlich) unterschiedlich verstehen je nachdem, ob die Kopien unmittelbar oder mittelbar zu gewerblichen Zwecken verwendet werden oder nicht. Im letzteren Fall hält er eine Beschränkung auf das Nötigste für richtig. Bei einer Nutzung zu gewerblichen Zwecken sei jedoch die Festlegung einer Höchstzahl nicht erforderlich. Die vermögensrechtlichen Interessen der Urheber würden durch die generelle Vergütungspflicht gemäß § 54 Abs. 2 UG ohnehin weitestgehend geschützt.
Aus praktischer Sicht spricht viel für diese Ansicht. Selbstverständlich ist hier einmal das praktische Bedürfnis der gewerblichen Wirtschaft zu nennen. Die Begründung führt beispielsweise zu § 54 Abs. 1 Nr. 4 a UG an, es sei bei den heute bestehenden technischen Möglichkeiten unwirtschaftlich, fünf oder sechs Exemplare einer Zeitschrift zu kaufen, nur um einen darin enthaltenen Aufsatz mehrfach zu erhalten. Es wäre natürlich mindestens ebenso unwirtschaftlich und zumeist unpraktikabel[324], wenn man 100 Zeitschriftenexemplare kaufen müßte, etwa um eine größere Mitarbeiterzahl zu unterrichten.
Es ist aber darüber hinaus zu fragen, ob die Meinung *Bruhns* nicht insgesamt auch den Interessen der Urheber am besten gerecht wird. Denn von Einzelfällen abgesehen, sind sie für die Durchsetzung ihrer Ansprüche auf Lösungen angewiesen, wie sie der Gesamtvertrag zwischen der Inkassostelle für urheberrechtliche Vervielfältigungsgebühren mit dem Bundesverband der Deutschen Industrie[325] vorsieht[326]. Wegen der notgedrungen pauschalierten Verteilung der Erlöse steht sich der Urheber dabei zwar in der Regel schlechter als bei einer Einzelabrechnung durch den nach § 54 UG Berechtigten; nur würde eine solche Einzelabrechnung eben überhaupt nicht erfolgen. Zu Recht heißt es in den Erläuterungen zum Gesamtvertrag[327], dieser mache die gesetzliche Regelung überhaupt erst in zumutbarer Weise praktizierbar. Ohne eine solche Möglichkeit

323 *Bruhn* in UFITA Bd. 52 (1969) S. 119 f.

324 Diejenigen, die auf die Nutzung der Werke durch Fotokopien angewiesen sind, sträuben sich nicht gegen angemessene Vergütungen für die Urheber, für sie geht es in erster Linie um die Praktikabilität der urheberrechtlichen Regelung, vgl. *Katzenberger,* Bericht über die Arbeitssitzung für Urheberrecht auf der Jahrestagung der Deutschen Vereinigung für gewerblichen Rechtsschutz und Urheberrecht, in GRUR 1973 S. 648.

325 Gesamtvertrag.

326 Vgl. dazu *Freitas* in Bulletin of the Copyright Society of the USA Vol. 20 (1972/73) S. 145 ff. und *Isacker* in: Festschrift für Roeber S. 237 ff.

327 Gesamtvertrag, Erläuterungen unter A.

würden die Unternehmen in der Regel gar nicht zahlen, ohne daß die Urheber ihre Ansprüche durchsetzen könnten.
Gegen diese Überlegungen ließe sich freilich anführen, daß eine Abrechnung nach dem Gesamtvertrag bei zwei der vorgesehenen drei Abrechnungsmodalitäten[328] von der Zahl der hergestellten Vervielfältigungsstücke gänzlich unabhängig ist, also praktisch den Urhebern nicht zu einer höheren Vergütung verhilft, wenn 100 statt 5 Kopien hergestellt werden. Der Gesamtvertrag gestattet[329] jedoch in seiner jetzigen Form wie die herrschende Meinung zu § 54 UG nur die Herstellung einiger weniger Vervielfältigungsstücke. Wäre die Ansicht *Bruhns* richtig, so hätte eine Anpassung des Rahmenvertrages zu erfolgen, die unschwer möglich wäre.
Dennoch dürfte der Auffassung *Bruhns* nicht zu folgen sein. Sie stellt teleologische, wenn nicht schon rechtspolitische Überlegungen bei der Auslegung in einer Weise in den Vordergrund, wie es zumindest bei einem jungen Gesetz wie dem UG nicht zulässig sein kann. *Bruhn* setzt sich einmal über den Wortlaut („einzelne" Vervielfältigungsstücke) hinweg. Er übersieht auch, daß die Auffassung, bei Bestehen der Vergütungspflicht nach § 54 Abs. 2 UG sei den Interessen der Urheber in ausreichender Weise Rechnung getragen, nicht der Standpunkt des Gesetzes oder des Gesetzgebers ist. Mag auch ein in der Praxis durchsetzbarer Vergütungsanspruch nach § 54 Abs. 2 UG mehr sein als ein unpraktikables Verbotsrecht, so kommt doch im Gesetz deutlich zum Ausdruck, daß es die Beschränkung auf den Vergütungsanspruch nur in sehr engen Grenzen als Ausgleich für den Urheber ansieht[330]. Die Meinung Bruhns ist daher de lege lata abzulehnen.
Wieweit Computerausdrucke zum internen Gebrauch zulässig sind, ist daher vom Standpunkt der Meinungen aus zu beurteilen, die grundsätzlich eine strenge Begrenzung für angebracht halten. Man wird die Herstellung der Ausdrucke entsprechend den praktischen Bedürfnissen auch bei diesem Ausgangspunkt als zulässig erachten müssen. Ein Erfordernis für wiederholte Vervielfältigungen ergibt sich ja insbesondere deshalb, weil die früheren Kopien vernichtet wurden. Die Beschränkung der Privilegierung des § 54 Abs. 1 UG zielt aber wohl darauf ab, zu verhindern,

---

328 Gesamtvertrag Ziffer III Abs. 1.
329 Gesamtvertrag Ziffer III Abs. 3.
330 Im speziellen Fall der Datenbanken kommt hinzu, daß das Verbotsrecht – anders als für die Fotokopierpraxis – höher zu bewerten ist, weil es bei den gegebenen Überwachungsmöglichkeiten zumindest durch Verwertungsgesellschaften durchgesetzt werden kann. Vgl. zur Alternative Verbotsrecht – Vergütungsanspruch auch *von Kupsch* in Börsenblatt – Frankfurter Ausgabe – Nr. 52 vom 30. Juni 1972 S. 1508 ff.

daß gleichzeitig beliebig viele Vervielfältigungen gefertigt werden. Die gelegentliche Herstellung eines neuen Vervielfältigungsstückes, das an Stelle eines anderen treten soll, düfte dagegen der Verkehrsauffassung, der die Vorschrift des § 54 Abs. 2 UG gerade Rechnung tragen will, entsprechen[331]. Die Nutzung des Werkes geht dabei nicht weiter als bei wiederholtem Gebrauch einer Kopie.

V. Bildschirmwiedergaben aufgrund der Speicherung im Computer

1. Wiedergabe für Einzelpersonen

Die Sichtbarmachung stellt eine Wiedergabe in unkörperlicher Form dar[332]. Diese ist dem Urheber nur vorbehalten, wenn sie öffentlich erfolgt, § 15 Abs. 2 UG[333]. Das kann nach § 15 Abs. 3 UG nur dann der Fall sein, wenn sie für eine Mehrzahl von Personen bestimmt ist. Nach geltendem Recht kann dies nicht deshalb angenommen werden, weil nacheinander eine Wiedergabe für Einzelpersonen erfolgt[334]. Ebensowenig kommt dies aufgrund einer zufälligen gleichzeitigen Sichtbarmachung auf verschiedenen Sichtgeräten in Betracht[335].

Auch wenn die Wiedergabe mit Hilfe der Datenfernübertragung auf dem Bildschirm eines Terminals erfolgt, ergibt sich keine andere Beurteilung. Insbesondere ist in diesem Fall das Senderecht des Urhebers, § 20 UG, nicht berührt[336]. Das Senderecht ist das Recht, das Werk durch Funk der Öffentlichkeit zugänglich zu machen. Es ist daher zu verlangen, daß die Sendung an eine Mehrheit von Empfangsanlagen erfolgt[337]. Das ist nicht

---

331 Begründung S. 72 f. = UFITA Bd. 45 (1965) S. 289, vgl. auch S. 32 = UFITA aaO. S. 245 f.

332 Vgl. *Ulmer* in GRUR 1971 S. 301; eine Untersuchung der im Gesetz beispielhaft aufgezählten (nicht vorliegenden) Einzeltatbestände findet sich bei *Brutschke* S. 80 f.

333 Diese Voraussetzung übersieht *Brutschke* S. 80 f., der jede Art der Wiedergabe auf Bildschirm für urheberrechtlich geschützt hält.

334 So *Ulmer* in GRUR 1971 S. 301 m. w. N.; *Katzenberger* in GRUR 1973 S. 633; vgl. auch von *Ungern-Sternberg* in GRUR 1973 S. 24 r. Sp.; a. A. *Reichel*, Börsenblatt – Frankfurter Ausgabe – Nr. 1 vom 4. Jan. 1972 S. 15 mit insoweit falscher Wiedergabe der Ansicht von Ulmer (aaO.).

335 BGH, Urteil vom 28. Nov. 1961, I ZR 56/60 – Rundfunkempfang im Hotelzimmer, BGHZ 36, 171 ff. = UFITA Bd. 36 (1962) S. 485, zustimmend *Ulmer* in GRUR 1971 S. 301 Anm. 10.

336 A. A. *Brutschke* S. 82.

337 Vgl. *Fromm/Nordemann*, Anm. 2 zu § 20 UG; *Möhring/Nicolini*, Anm. 3 zu § 20 UG; *von Ungern-Sternberg* in GRUR 1973 S. 18.

der Fall, wenn aufgrund einer Suchfrage eine Übertragung von der zentralen Datenverarbeitungsanlage zu einem Terminal vorgenommen wird. Die übliche Wiedergabe auf Grund der Computerspeicherung, nämlich auf Bildschirm für einen einzelnen, ist daher nicht geschützt[338].

2. Öffentliche Wiedergabe

Ausnahmsweise ist auch die öffentliche Wiedergabe (etwa auf Bildschirm in Kinoleinwand-Größe) ohne Zustimmung des Urhebers zugelassen. Ebenso wie für die Vervielfältigung enthalten die schon erörterten §§ 45 (in Abs. 3), 48 Abs. 1 Nr. 2, 49 Abs. 1 und 2 UG eine entsprechende Erlaubnis auch für die öffentliche Wiedergabe.
Eine auf die öffentliche Wiedergabe begrenzte Erlaubnis enthält § 52 Abs. 1 UG, der in Ziffer 1 die öffentliche Wiedergabe eines erschienenen Werkes gestattet, wenn die Wiedergabe keinem Erwerbszweck des Veranstalters dient und die Teilnehmer ohne Entgelt zugelassen werden. Diese Erlaubnis könnte nach *Katzenberger/Kolle* Anwendung finden, wenn etwa aufgrund der Speicherung in einer Datenbank Dokumente in einer Plenarsitzung des Bundestags, in öffentlichen Hearings oder in Wahlversammlungen auf Bildschirm wiedergegeben werden[339].

3. Verbot externer Wiedergaben

Die geplante Beurteilung gilt uneingeschränkt aber nur für die Fälle, in denen die Einspeicherung mit Zustimmung der Urheber erfolgt ist. Sonst ergeben sich für die Praxis schwerwiegende Begrenzungen der Wiedergabe durch die Anwendung von § 54 Abs. 1 UG auf den Speicherungsvorgang. § 54 Abs. 3 UG verbietet durch seine Verweisung auf § 53 Abs. 3 UG, das nach § 54 Abs. 1 hergestellte Vervielfältigungsstück zu einer öffentlichen Wiedergabe zu verwenden. Soweit es um Dokumente geht, die nur nach § 54 Abs. 1 UG gespeichert werden durften, hilft daher die in § 52 Abs. 1 UG enthaltene Erlaubnis nicht. Als Anwendungsbereich für § 52 Abs. 1 UG bleibt daher nur eine nach § 48 Abs. 1 Nr. 1 UG erlaubte Speicherung, da die übrigen Privilegierungen der Speicherung auch selbst die entsprechende Erlaubnis für die öffentliche Wiedergabe enthalten.
Die nichtöffentliche Wiedergabe nach § 54 Abs. 1 UG gespeicherter Texte, also die übliche Nutzung zur Lektüre von Dokumenten auf Bildschirm,

---

338 Das heißt aber nicht, daß solche Wiedergaben auf Bildschirm in jedem Fall zulässig wären: vgl. oben unter C II 8 a, aa) und unten unter 3.

339 *Katzenberger/Kolle* in: Gesetzesplanung S. 202 = Nachr. Dok. 23 (1972) S. 102 r. Sp.

wird durch § 54 Abs. 3 UG nicht verboten. Sie ist gleichwohl nicht zulässig wenn es sich um die Nutzung durch externe Benutzer handelt. Wäre eine – auch nichtöffentliche – Wiedergabe für externe Benutzer vorgesehen, so würde das Datenbankunternehmen nicht (nur) eigene Zwecke mit der Speicherung verfolgen[340]. Der Ausschluß der Wiedergabe für externe Benutzer ist ebenso wie der Ausschluß von Ausdrucken Voraussetzung dafür, daß die Speicherung nach § 54 Abs. 1 UG erlaubt ist.

D. Urheberrechtliche Nutzungen bei Einsatz von Mikrofilmspeicherung

I. Mikroverfilmung, Rückvergrößerungen, Bildschirmwiedergaben

Die Aufnahme auf Mikrofilm[341] und die Herstellung einer Rückvergrößerung davon stellen ebenso wie die Speicherung in einer elektronischen Datenverarbeitungsanlage und die Herstellung von Ausdrucken davon Vervielfältigungen im Sinne von § 16 UG dar. Entsprechend können bei der Mikroverfilmung für Dokumentationszwecke die genannten Ausnahmebestimmungen in Betracht kommen.
Unproblematisch ist das im Fall der internen Nutzung durch Wiedergabe auf Bildschirm. Bei der Herstellung interner Rückvergrößerungen sind die Ausnahmetatbestände ebenso wie bei der elektronischen Datenverarbeitungsanlage anwendbar, wobei auch hier bei § 54 UG das Problem der zulässigen Zahl der Rückvergrößerungen auftritt und in gleicher Weise zu lösen ist.
Entsprechend der Rechtslage bei der Speicherung im Computer fällt auch die Herstellung eines Mikrofilmarchivs nicht unter § 54 Abs. 1 UG, wenn die Wiedergabe der aufgenommenen Werke oder die Herstellung von Kopien derselben für Dritte beabsichtigt ist.

II. Dezentrale Mikrofilmarchive

Einer besonderen Prüfung der Mikrofilmspeicherung bedarf es aber bei der dezentralen Führung von Mikrofilmarchiven. Zu untersuchen ist also die Datenbank-Konzeption, nach der das Datenbankunternehmen eine elektronische Datenverarbeitungsanlage betreibt, die (zumindest für externe Benutzer) lediglich die Nachweisfunktion erfüllt, und in der die Be-

---

340 Vgl. oben unter C II 8 a, aa).
341 Vgl. *Goose* in GRUR 1973 S. 7 f.

reitstellung der Texte über Mikrofilmarchive der Benutzer erfolgt, wobei das Mikrofilmmaterial vom Datenbankunternehmen oder durch eine andere Stelle zentral hergestellt und geliefert wird. Diese Mikrofilmarchivherstellung und -haltung wäre zulässig, wenn zugunsten des einzelnen Benutzers ein Ausnahmetatbestand, also insbesondere § 54 Abs. 1 UG eingreift.

1. § 54 Abs. 1 UG

a) Zentrale Herstellung der Mikrokopien als „Herstellenlassen"

§ 54 Abs. 1 UG ist auch anwendbar, wenn der Berechtigte die Herstellung nicht selbst übernimmt, denn die Vorschrift gestattet, einzelne Vervielfältigungsstücke „herzustellen oder herstellen zu lassen". Die Herstellung kann demnach auch durch einen Dritten erfolgen.
Gedacht war an die Beauftragung zur technischen Ausführung der Vervielfältigung[342]. Deshalb könnten Zweifel an der Anwendbarkeit im vorliegenden Fall bestehen, weil das Datenbankunternehmen mehr als die bloß technische Durchführung leistet. Das Datenbankunternehmen bestimmt den Gegenstand der Kopien; neben deren Herstellung werden die Leistungen der zentralen Datenverarbeitungsanlage angeboten.
Letzteres kann aber nicht entscheidend sein. Ein solcher Nachweis von Werken mit der Möglichkeit, sich einen kurzen Einblick in ihren Inhalt zu verschaffen, greift nicht in die Urheberrechte an den Werken ein. Vor allem steht ein solches Nachweissystem nicht in unlöslichem Zusammenhang mit der Mikroverfilmung. Denkbar ist auch eine Gestaltung, bei der jeder Benutzer die Werke selbst archiviert.
Es bleibt daher nur die Frage, ob es für die urheberrechtliche Beurteilung erheblich ist, daß die Auswahl des Materials für die Mikroverfilmung bei dem Datenbankunternehmen liegt. Handelt es sich dabei noch um ein Herstellenlassen im Sinne von § 54 Abs. 1 UG?
Da aus dem Wortlaut nichts Gegenteiliges zu entnehmen ist, könnte das nur verneint werden, wenn der Tatbestand eine zu weite Ausdehnung erfahren würde, die nicht der sonst von § 54 UG angestrebten Interessenabgrenzung zwischen Urheber und Benutzer entspricht. Das ist indessen nicht der Fall. Die Zahl der Vervielfältigungsstücke wird ebenso wie die zulässigen Zwecke etc. durch andere Tatbestandsmerkmale festgelegt. Diese abstrakte Festlegung der Sache nach enthält die entscheidende Grenzziehung. Sie wird nicht verändert, wenn der nach § 54 UG Berech-

---

342 Vgl. Begründung S. 74 = UFITA Bd. 45 (1965) S. 291.

tigte Vervielfältigungsstücke durch einen anderen herstellen läßt, auch wenn dieser dabei – etwa durch die Auswahl der zu vervielfältigenden Werke – Tätigkeiten ausübt, die üblicherweise der Berechtigte selbst verrichtet.

Es ist nicht erkennbar, daß die gesetzliche Wertentscheidung darauf beruhte, irgendwelche tatsächlichen Hemmnisse stünden einer Ausschöpfung des gesetzten sachlichen Rahmens entgegen[343]. Das Gesetz rechnet mit der Ausnutzung der Vervielfältigungsmöglichkeiten in dem durch andere Tatbestandsmerkmale sachlich begrenzten Umfang. Dann muß es auch in der hier fraglichen Hinsicht unerheblich sein, ob der Berechtigte selbst die Vervielfältigung herstellt oder herstellen läßt. § 54 UG setzt also nicht voraus, daß sich der „Auftrag" zum Herstellenlassen bereits auf ein konkretes Werk erstreckt.

Bei *Möhring/Nicolini*[344] heißt es allerdings, Herstellung und Versand von Vervielfältigungsstücken durch eine Kopieranstalt seien – auch bei Zahlung einer Vergütung – unzulässig, wenn sie nicht auf eigene Initiative der Besteller angefertigt würden. Ohne eine solche „Initiative" des nach § 54 UG Berechtigten kann man in der Tat nicht von einem Herstellenlassen sprechen[345]. Das heißt aber nur: Die Herstellung der Mikrofilme bedarf dann einer Zustimmung des Urhebers, wenn sie auf Vorrat geschieht, z. B. um sie weiteren Interessenten anzubieten. Dagegen reicht es für die zu fordernde Initiative und damit das Herstellenlassen im Sinne von § 54 UG aus, wenn die Benutzer bei dem Datenbankunternehmen Mikrofilme bestellen, die das in der zentralen Datenverarbeitungsanlage ausgewertete Material im Volltext enthalten sollen.

b) § 54 Abs. 1 Nr. 1 UG

Für die Privilegierung eines dezentralen Mikrofilmarchivs nach § 54 Abs. 1 UG kommt es dann weiter darauf an, ob die dort unter den einzelnen Ziffern aufgeführten Tatbestände erfüllt sind.

Zunächst ist § 54 Abs. 1 Nr. 1 UG in Betracht zu ziehen, insbesondere für die Fälle, in denen es um die Bewältigung der Informationsflut in den Naturwissenschaften geht. Die Vorschrift ist hier anwendbar. Wie bereits ausgeführt wurde[346], gilt diese Privilegierung auch für die wissenschaft-

---

343 Vgl. zu diesem Gesichtspunkt *Hubmann* S. 53 ff.; *Krüger-Nieland* in GRUR 1957 S. 540 (mißverständlich die Wiedergabe bei *Reichel*, Börsenblatt – Frankfurter Ausgabe – Nr. 1 vom 4. Jan. 1972 S. 11).

344 *Möhring/Nicolini*, Anm. 7 zu § 54 UG.

345 Zum Erfordernis der Initiative sowie zur Abgrenzung vom Verbreiten nach § 17 Abs. 1 UG vgl. *Katzenberger* in GRUR 1973 S. 634 f. (betr. Referatedienste u. Leihverkehr der Bibliotheken).

346 Oben S. 67 f.

liche Nutzung in gewerblichen Unternehmen. Es kann auch davon ausgegangen werden, daß die in der Mikroverfilmung liegenden Vervielfältigungen zum wissenschaftlichen Gebrauch „geboten" sind, weil damit die wissenschaftliche Arbeit wesentlich erleichtert oder verkürzt (vielleicht manchmal erst ermöglicht) wird[347].

c) § 54 Abs. 1 Nr. 4 a UG

Ohne Beschränkung auf einen bestimmten Zweck läßt Nr. 4 a des § 54 Abs. 1 UG die Herstellung einzelner Vervielfältigungen und damit auch eines Mikrofilmarchivs zu. Jedoch beschränkt sich die Erlaubnis auf kleine Teile eines erschienenen Werkes oder auf einzelne Aufsätze, die in Zeitungen oder Zeitschriften erschienen sind. Was darunter zu verstehen ist, wurde bereits dargelegt[348]. Wegen dieser Begrenzung wird die Vorschrift nur in Fällen mit sehr speziellen Benutzerprofilen die Herstellung eines Mikrofilmarchivs im ganzen von der Zustimmung der Urheber der mikroverfilmten Werke befreien.

d) § 54 Abs. 1 Nr. 2 UG

Erweist sich dagegen die Aufnahme selbständiger Schriften oder eine Auswertung von Sammlungen und Büchern über das nach Nr. 4 a des § 54 Abs. 1 UG zulässige Maß hinaus als notwendig (und handelt es sich nicht um die Verfolgung wissenschaftlicher Zwecke), so hängt die Zulässigkeit von § 54 Abs. 1 Ziffer 2 UG ab.

aa) Eigenes Archiv

Die Bestimmung gestattet Vervielfältigungen zur Aufnahme in ein eigenes Archiv. Die Benutzer müssen also Eigentümer der Mikrofilme werden, damit die Privilegierung eingreifen kann. Weiter muß ein Mikrofilmarchiv, wie es hier in Frage steht, dem Begriff des Archivs im Sinne der Vorschrift entsprechen. Die Begründung[349] erwähnt in diesem Zusammenhang die Aufnahme auf Mikrofilm ausdrücklich. *Von Gamm*[350] betont, daß die Herstellung von raumsparenden Mikrokopien zu Dokumentations- und In-

---

347 Vgl. oben S. 68.
348 Vgl. oben S. 62 ff.
349 Begründung S. 73 l. Sp. = UFITA Bd. 45 (1965) S. 289.
350 *von Gamm*, Anm. 10 zu § 54 UG.

formationszwecken im Rahmen der Zweckbestimmung der Ziffer 2 des § 54 Abs. 1 UG liegt.
Die Überlegungen, die *Ulmer* dazu veranlassen, die Vorschrift grundsätzlich nicht auf die Computerspeicherung anzuwenden[351], richten sich ihrem Sinne nach auch gegen die Zulässigkeit der Mikroverfilmung zu den hier in Rede stehenden Zwecken[352]. Aus den Gründen, die für den Fall der Computerspeicherung dargelegt wurden[353], dürfte jedoch der Ansicht *Ulmers* nicht zu folgen sein.
Anders als der Computerspeicherung könnte aber der Mikroverfilmung durch das Datenbankunternehmen für die Benutzer eine von *Möhring/Nicolini* getroffene Feststellung entgegenstehen[354]. Sie meinen, es sei nicht zulässig, für ein Archiv zu kopieren, das nicht zum Bereich der Behörde oder des Betriebs gehöre, welche die Vervielfältigung vornehmen. *Möhring/Nicolini* führen als Beispiel hierfür an, die Voraussetzungen seien nicht erfüllt, wenn ein Werkexemplar einer Universitätsbibliothek für ein Archiv der städtischen Bibliothek vervielfältigt werden soll. Aber damit ist doch die andere, unten zu behandelnde Frage angesprochen, was unter dem gesetzlichen Erfordernis zu verstehen ist, daß als Vorlage für die Vervielfältigung ein eigenes Werkstück benutzt wird.
Wenn man dieses Problem ausklammert und sich den Fall denkt, daß – im Beispiel – die Universitätsbibliothek, weil sie die erforderlichen Geräte besitzt, ein Werkexemplar der städtischen Bücherei für diese mikrokopiert, so kann nach dem Gesetz kein Zweifel an der Zulässigkeit dieser Vervielfältigung bestehen. Denn derjenige, in dessen eigenes Archiv die Kopie aufgenommen werden soll – im Beispiel die städtische Bücherei –, hat auch im Fall der Nr. 2 des § 54 Abs. 1 UG die Möglichkeit, die Vervielfältigungsstücke „herstellen zu lassen". Das Datenbankunternehmen ist daher insoweit nicht gehindert, die Mikrokopien für die Benutzer anzufertigen.

bb) Eigenes Werkstück als Vorlage

Voraussetzung für die Anwendung von § 54 Abs. 1 Nr. 2 UG ist weiter die Benutzung eines eigenen Werkstücks als Vorlage für die Vervielfältigung. Unzweifelhaft muß danach demjenigen ein Exemplar des Werks zu Eigentum gehören, der ein Vervielfältigungsstück für sein Archiv her-

---

351 *Ulmer* in GRUR 1971 S. 301.
352 Dagegen beschränkt *Katzenberger* diese Überlegungen auf Archive mit Computer-Speicherung; vgl. dazu oben unter C II 8 c).
353 Vgl. oben unter C II 8 c).
354 *Möhring/Nicolini*, Anm. 4 zu § 54 UG.

stellt oder herstellen läßt. In dem Beispiel von *Möhring/Nicolini* ist also die Herstellung einer Vervielfältigung nach einem Exemplar der Universitätsbibliothek für die Stadtbücherei zweifellos unzulässig, wenn dieser überhaupt kein Werkexemplar gehört.

Muß dieses eigene Exemplar auch als Vorlage für das dem eigenen Archiv einzuverleibende Vervielfältigungsstück dienen? Auf das Beispiel von *Möhring/Nicolini* angewendet heißt die Frage: Muß die Stadtbücherei der Universitätsbibliothek, welche die entsprechenden Geräte hat, ihre eigenen Exemplare als Vorlage zuschicken, obwohl dort entsprechende Exemplare vorhanden sind und vielleicht ohnehin auch für eigene Archivzwecke kopiert werden?

Dafür spricht der Wortlaut der Bestimmung. Aber es wäre pure Begriffsjurisprudenz, wenn die Frage allein nach dem Wortlaut und ohne Rücksicht auf den Sinn der Regelung entschieden würde. Nach der Begründung[355] hat man die Voraussetzung, als Vorlage müsse ein eigenes Werkstück benutzt werden, eingefügt, um zu verhindern, daß die Vorschrift von Bibliotheken (an die man bei dieser Vorschrift vor allem gedacht hatte) dazu benutzt wird, ihre Bestände durch Vervielfältigungen entliehener Exemplare zu erweitern. Diese einleuchtende Begrenzung ist aber bereits gewährleistet, wenn der Berechtigte Eigentümer eines Exemplars des Vervielfältigungswerkes ist.

Die Annahme liegt nahe, daß die weitergehende Formulierung des Gesetzes darauf beruht, daß die Gesetzesverfasser nicht an den Fall gedacht haben, eine Bibliothek könnte Vervielfältigungen für ihr Archiv auch bei einer anderen Stelle herstellen lassen, wo ein entsprechendes Werkstück ebenfalls vorhanden ist. Hat man nur die Vervielfältigung durch eine Kopieranstalt im Auge, spricht der Gesetzestext nämlich keine weitergehende Einschränkung aus als das Erfordernis von Eigentum des Berechtigten an einem Werkstück. Der darüber hinausgehende Wortlaut kann für die Auslegung nur maßgebend sein, wenn ihm eine Funktion für die Interessenabgrenzung zwischen Urhebern und Benutzern zukommt.

Dabei ist davon auszugehen, daß für die Entscheidung des Gesetzes durchaus auch tatsächliche Erschwernisse maßgebend sein können, welche der Ausnutzung eines Ausnahmetatbestands entgegenstehen. So kann es in der letzten Abwandlung des Bibliotheksbeispiels von Bedeutung für die Entscheidung der städtischen Bücherei sein, ob sie eigene Werkstücke als Vorlagen zur Universitätsbibliothek bringen muß oder nicht. Auch bei den hier zu untersuchenden Projekten würden sich wesentliche Erschwernisse ergeben, wenn für die Mikrofilme der Benutzer je-

---

355 Begründung S. 73 = UFITA Bd. 45 (1965) S. 289.

weils deren eigene Werkstücke tatsächlich als Vorlagen gebraucht werden müßten.

Für die vorliegende Frage läßt sich aber – nicht nur historisch, sondern auch bei teleologischer, interessengemäßer Interpretation – kein Gesichtspunkt dafür finden, die gesetzliche Entscheidung beruhe auf der Einkalkulierung solcher tatsächlichen Erschwernisse. Diese würden nämlich nur die möglichen Berechtigten belasten, ohne auf der anderen Seite die Position der Urheber zu verbessern. So müßte etwa im Bibliotheksbeispiel die Stadtbücherei zusätzliche Kosten für den Büchertransport zur Universitätsbibliothek aufwenden oder – weil das vielleicht billiger ist – ihre Kopien bei einem nähergelegenen gewerblichen Unternehmen herstellen lassen oder aber selbst herstellen. Die Urheber würden davon in keinem Fall einen Vorteil haben.

Denkbar wäre noch die Einholung einer Erlaubnis der Urheber zum Mikrokopieren ohne Vorlage der eigenen Werkstücke. Aber selbst wenn dieser Weg praktisch durchführbar wäre, so würde die städtische Bücherei mit Schreib- und Portokosten belastet, die dem Urheber nicht zugute kämen. Diesen Weg dürfte die städtische Bibliothek daher kaum dem Transport eigener Werkexemplare vorziehen. Das muß vor allem dann gelten, wenn für die Erlaubnisse noch Vergütungen gezahlt werden müssen. Ohne solche Vergütung ergibt sich aber wiederum keine Besserstellung der Urheber.

Aber auch wenn die städtische Bibliothek wegen dieser Erschwernisse von einer Mikroverfilmung Abstand nähme, würde damit nicht den Urhebern gedient sein. Einziger Effekt wäre, daß die Bücherei dann kein Mikrofilmarchiv herstellen könnte, was § 54 Abs. 1 Nr. 2 UG doch gerade ermöglichen will.

Eine Beschränkung, welche die Erreichung des privilegierten Zwecks erschwert, ohne daß dadurch die Urheber bessergestellt würden, entspricht nicht dem Sinn des Gesetzes. Es ist daher als ausreichend anzusehen, daß dem Berechtigten, der eine Kopie zur Aufnahme in ein eigenes Archiv herstellen läßt, ein Exemplar des Werkes gehört.

Die Benutzung dieses Exemplars für die Herstellung der Kopien ist nicht notwendig. Die Mikroverfilmung für die dezentralen Mikrofilmarchive darf aber unter den genannten Voraussetzungen zentral, z. B. durch das Datenbankunternehmen, nach einer Originalvorlage vorgenommen werden.

2. Andere Ausnahmebestimmungen

Für die Anwendung der §§ 45, 48, 49 und 53 UG kann auf die oben[356] zur Computerspeicherung gemachten Ausführungen verwiesen werden. Soweit die §§ 45 und 53 UG das „Herstellenlassen" von Vervielfältigungen gestatten, treffen die gleichen Überlegungen zu wie für das entsprechende Tatbestandsmerkmal in § 54 UG[357].

E. Vergütungspflichten

Soweit – insbesondere bei der Nutzung der elektronischen Datenverarbeitungsanlage – keine urheberrechtlich geschützten Werke verwendet werden, können auch keine urheberrechtlichen Vergütungspflichten entstehen. Ebensowenig ist die Wiedergabe der Mikrofilme in Lesegeräten vergütungspflichtig, da es sich um eine Verwertungsart handelt, die dem Urheber nicht vorbehalten ist[358]. Die öffentliche Wiedergabe von Werken aus der Datenbank kann vergütungspflichtig sein, wenn sie nach § 49 Abs. 1 oder § 52 Abs. 1 Nr. 1 UG zugelassen ist. Jedoch wurde bereits dargelegt[359], daß die öffentliche Wiedergabe praktisch immer aus anderen Gründen verboten sein dürfte, wenn Speicherung beziehungsweise Mikroverfilmung aufgrund von Privilegierungen ohne Zustimmung der Urheber vorgenommen wurden.

Die in der Computerspeicherung (einschließlich der vorbereitenden Fixierungen) und -verarbeitung, in den Computerausdrucken sowie die in der Herstellung von Mikrofilmen bzw. von Rückvergrößerungen liegenden Vervielfältigungen sind vergütungsfrei, soweit die Privilegierungen der §§ 48 Abs. 1 Nr. 2 oder 49 Abs. 2 UG eingreifen. Diese Sondervorschriften gehen anderen Privilegierungen, mit denen eine Vergütungsregelung verbunden ist, vor[360].

Für eine Vervielfältigung aufgrund der Erlaubnis in § 49 Abs. 1 Satz 1 UG ist dem Urheber eine angemessene Vergütung zu zahlen, § 49 Abs. 1 Satz 2 UG. Das gilt nicht, wenn es sich lediglich um einen kurzen Auszug aus einem Rundfunkkommentar oder einem Artikel (aus einer Zeitung oder einem anderen lediglich Tagesinteressen dienenden Informationsblatt) handelt, der mit anderen Auszügen gleicher Art in Form einer Übersicht vervielfältigt wird, § 49 Abs. 1 Satz 2 UG. Sind die Vervielfäl-

---

356 Vgl. oben unter C II 1 bis 7.
357 Vgl. oben unter D II 1 a).
358 Vgl. oben unter C V 1.
359 Vgl. oben unter C V 2.
360 Vgl. *von Gamm*, Anm. 8 zu § 54 UG.

tigungen nur nach § 54 Nrn. 1, 2 oder 4 a UG gestattet[361], so ist dem Urheber hierfür eine angemessene Vergütung zu zahlen, wenn die Vervielfältigungen gewerblichen Zwecken des zur Vervielfältigung Befugten dienen, § 54 Abs. 2 UG. Allerdings ist fraglich, ob die Begrenzung der Vergütungspflicht auf Fälle gewerblicher Zweckverfolgung mit Art. 14 GG zu vereinbaren ist[362]. Da aber eine Ausdehnung der Vergütungspflicht auf andere Fälle im Wege verfassungskonformer Auslegung nicht in Betracht kommt, ist die Entscheidung dem Bundesverfassungsgericht vorbehalten, Art. 100 GG. Für die hier vorgenommene Untersuchung des geltenden Rechts ist daher von der eingeschränkten Vergütungspflicht nach § 54 Abs. 2 UG auszugehen.
Vervielfältigung zu gewerblichen Zwecken bedeutet Vervielfältigung im Rahmen eines gewerblichen Unternehmens. Um ein solches handelt es sich, wenn das Unternehmen der Gewerbesteuerpflicht unterliegt[363]. Daß die Herstellung der Vervielfältigung selbst ohne Gewinnabsicht erfolgt, ist unerheblich[364]. Zur Vervielfältigung befugt ist derjenige, zu dessen Gunsten die Privilegierungen des § 54 UG eingreifen, also derjenige, für dessen eigenen Gebrauch Vervielfältigungen zugelassen werden[365].
Bei der Herstellung von Ausdrucken und Rückvergrößerungen würde nach der von *Heiseke*[366] vertretenen Ansicht unter Umständen ein Ge-

---

361 Vgl. *von Gamm*, Anm. 7 zu § 54 UG.

362 Zweifel daran haben *Goose* in DVR Bd. 2 (1973) S. 126 und ÖVD 1973 S. 319 = Sonderdruck S. 11, sowie *Katzenberger* in GRUR 1973 S. 638 geäußert. Maßgebend für die Beurteilung sind die Entscheidungen des BVerfG vom 7. Juli 1971, BVerfGE 31 S. 229 ff. = UFITA Bd. 63 (1972) S. 274 insbesondere der Beschluß zu § 46 UG a. F. - 1 BvR 765/66 - BVerfGE 31 S. 229 ff. = NJW 1971 S. 2163 ff. = UFITA Bd. 63 (1972) S. 279 ff.
Soweit § 46 UG in Abs. 1 das Vervielfältigungs- und VerbreitungsR des Urhebers ausschließt, hält das BVerfG die Bestimmung für verfassungsrechtlich unbedenklich. Als nicht verfassungsgemäß sieht das BVerfG § 46 UG a. F. dagegen insoweit an, als die Aufnahme von geschützten Werken in die dort genannten Sammlungen auch vergütungsfrei bleibt. Der Ausschluß der Vergütung werde aus Gründen des Gemeinwohls nicht mehr gerechtfertigt. Dem Interesse der Allgemeinheit, Zugang zu den Kulturgütern zu haben, sei mit dem bloßen Ausschluß des Verbotsrechts Genüge getan. Es liegt nahe, bei § 54 UG ähnliche Erwägungen anzustellen.
Mit den genannten Entscheidungen des BVerfG zum Urheberrecht befassen sich *Hubmann* in GRUR Int. 1973 S. 270 ff.; *Maunz* in GRUR 1973 S. 107 ff. und *Oekonomides* in: Mitarbeiterfestschrift für Eugen Ulmer S. 85 ff. Eine Untersuchung von § 54 Abs. 2 UG findet sich in den genannten Arbeiten jedoch nicht.

363 *Möhring/Nicolini*, Anm. 7 zu § 54 UG.

364 *Möhring/Nicolini*, Anm. 7 zu § 54 UG.

365 Vgl. *Fromm/Nordemann*, Anm. 9 zu § 54 UG.

366 *Heiseke* in DB 1967 S. 151 ff.

brauch der Angestellten, nicht des Unternehmens anzunehmen sein, so daß die Vergütungsregelung des § 54 Abs. 2 UG insoweit nicht eingriffe. Es wurde bereits dargelegt[367], daß dieser Ansicht nicht zu folgen ist. Sie würde zu einer vom Gesetzgeber nicht beabsichtigten Schlechterstellung der Urheber gegenüber der Rechtsprechung des BGH zum alten Recht[368] führen. Auch bei der Herstellung von Kopien durch Angestellte besteht daher immer eine Zahlungspflicht des Unternehmens.

Die Zahlungspflicht entsteht durch die Herstellung der Kopie[369]. Die Berechtigung zur Herstellung ist jedoch von der Erfüllung der Zahlungspflicht unabhängig[370]. Dies ist insbesondere von Bedeutung, wo die Vergütungspflicht wegen praktischer Schwierigkeiten unmöglich oder unzumutbar ist. Sofern die Voraussetzungen von § 49 Abs. 1 Satz 1 UG oder von § 54 Abs. 1 UG erfüllt sind, liegt in der Vervielfältigung weder eine nach § 97 UG zum Schadensersatz verpflichtende Urheberrechtsverletzung[371] noch eine nach § 106 UG strafbare Handlung, selbst wenn die Zahlung einer Vergütung etwa wegen praktischer Schwierigkeiten zunächst nicht beabsichtigt ist. Der Berechtigte kann in einem solchen Fall dementsprechend nicht Unterlassung oder Beseitigung der Vervielfältigungen, sondern nur Erfüllung seines Vergütungsanspruchs verlangen[372].

Berechtigter des Anspruchs aus § 49 Abs. 1 Satz 2 oder § 54 Abs. 2 UG ist der Urheber. An seine Stelle kann der Rechtsnachfolger nach §§ 29, 30 UG treten oder ein nach § 31 ff. UG Nutzungsberechtigter, also jemand, dem der Urheber das Vervielfältigungsrecht (§ 16 UG) eingeräumt hat. Anders als etwa in § 53 Abs. 5 UG, der eine entsprechende Anordnung enthält, ist nicht erforderlich, daß der Anspruch durch eine Verwertungsgesellschaft geltend gemacht wird. Dies ist jedoch möglich, wenn der Verwertungsgesellschaft der Anspruch zur Einziehung übertragen ist.

Besondere Bedeutung für die praktische Durchführung kommt dem Umstand zu, daß die beiden in Betracht kommenden Verwertungsgesellschaften[373] eine Zahlung an sie unter Umständen auch dann möglich machen, wenn sie von dem Berechtigten nicht zur Einziehung ermächtigt

---

367 Vgl. oben S. 71.

368 Vgl. BGH, Urteil vom 24 Juni 1955, I ZR 88/54 – Fotokopie, BGHZ 18, 44 ff. – GRUR 1955 S. 544 ff. = UFITA Bd. 20 (1955) S. 346 ff.; vgl. dazu oben S. 71 f.

369 Vgl. *von Gamm*, Anm. 8 zu § 54 UG; *Hirsch/Kleinmann* in DB 1967 S. 672.

370 Vgl. *von Gamm*, Anm. 8 zu § 54 UG.

371 Vgl. *Fromm/Nordemann*, Anm. 2 zu § 97 UG.

372 *von Gamm*, Anm. 8 zu § 54 UG.

373 Inkassostelle für urheberrechtliche Vervielfältigungsgebühren GmbH, Frankfurt a. M., Gr. Hirschgraben 17/21; Verwertungsgesellschaft WORT, Rechtsfähiger Verein kraft Verleihung, München, Leopoldstraße 121.

wurden. Falls eine Vergütung an sie gezahlt worden ist, stellen sie in einem solchen Fall den Zahlenden von Ansprüchen des Berechtigten frei[374].

Die Angemessenheit der Vergütung wird in der Regel nach der in entsprechenden Fällen üblichen Vergütung bestimmt, wobei Vervielfältigungsform, Anzahl der Vervielfältigungsstücke und konkreter Gebrauchszweck maßgebend zu berücksichtigen sind[375]. Diesen Umständen kommt auch im vorliegenden Fall entscheidende Bedeutung zu. Sie weisen allerdings gleichzeitig auf die Schwierigkeiten einer konkreten Bestimmung der Vergütung hin: Bei den Besonderheiten von Vervielfältigungsform und Gebrauchszweck wird es an einer unmittelbar vergleichbaren üblichen Vergütung fehlen. Gleichwohl dürfte auch hier der Gesamtvertrag zwischen der Inkassostelle für urheberrechtliche Vervielfältigungsgebühren und dem Bundesverband der Deutschen Industrie ungefähre Anhaltspunkte liefern[376].

F. Zusammenfassung

Im rechtlichen Reil der Arbeit wird zunächst untersucht, inwieweit bei der Textdokumentation mit urheberrechtlich geschützten Werken gearbeitet wird. Besonderes Gewicht liegt dabei auf der Untersuchung des Anwendungsbereichs von § 5 Abs. 2 UG, weil die Abgrenzung der vom Urheberschutz ausgenommenen amtlichen Werke insbesondere für Regierungs- und Pressedatenbanken von großer praktischer Bedeutung sein kann. Einen weiteren Schwerpunkt bildet die Prüfung, inwieweit Abstracts dem Urheberrecht des Originalwerks unterliegen. Dabei wird auch erörtert, ob eine einheitliche Beurteilung der durch die neue DIN 1426 normierten Inhaltsangaben möglich ist.

Im zweiten Teil der urheberrechtlichen Untersuchung wird sodann gefragt, ob die Nutzungen geschützter Werke beim Betrieb eines hochtechnisierten Dokumentationssystems den Urhebern vorbehalten sind oder nicht. Dabei zeigt sich, daß ausnahmslos alle Fixierungen bei Speicherung und Mikroverfilmung als Vervielfältigungen anzusehen sind, selbst dann, wenn sie – wie die Speicherung zur Deskriptorenselektion – nicht zur Wahrnehmung für den Menschen geeignet sind und auch nicht der mittelbaren Vermittlung des Werkgenusses dienen.

---

374 Vgl. Ziffer VI des Gesamtvertrages zwischen der Inkassostelle und dem Bundesverband der Deutschen Industrie sowie die dazu von den Vertragsparteien gemeinsam abgefaßten Erläuterungen.

375 Vgl. *von Gamm*, Anm. 8 zu § 54 UG.

376 Vgl. *von Gamm*, Anm. 8 zu § 54 UG.

Von den Ausnahmetatbeständen, die für Datenbanken die genannten Nutzungen ohne Zustimmung des Urhebers erlauben könnten, kommt die Anwendung von § 46 UG aus rechtlichen Gründen, die der §§ 45, 49 Abs. 1 und 53 UG in absehbarer Zukunft aus tatsächlichen Gründen nicht in Betracht. § 48 Abs. 1 und § 49 Abs. 2 UG sind zwar bei speziellen Datenbanken anwendbar, können aber auch da praktisch nie alle notwendigen Vervielfältigungen rechtfertigen. Die Zulässigkeit eines Dokumentationssystems im ganzen hängt daher immer von der Anwendbarkeit von § 54 Abs. 1 UG ab.
Die entscheidende Beschränkung aller Tatbestände des § 54 UG liegt in der Begrenzung der zulässigen Vervielfältigungen auf den eigenen Gebrauch. Aus der notwendigen Anwendung dieser Bestimmung auf den Speicherungsvorgang und eventuell die Verarbeitung ergibt sich, daß eine Zurverfügungstellung urheberrechtlich geschützter Texte an (gegenüber dem Datenbankunternehmer, der die Speicherung durchführt) Externe nicht zugelassen ist. Diese Wertung gilt unabhängig davon, ob die Zurverfügungstellung in einer Form erfolgt, die dem Urheber als solche vorbehalten ist (wie Ausdrucke oder öffentliche Wiedergaben) oder nicht (wie nichtöffentliche Bildschirmwiedergaben). Dementsprechend ist es auch unerheblich, ob an sich vorbehaltene Formen der Zurverfügungstellung zugunsten eines externen Benutzers unter einen Ausnahmetatbestand fallen würden. Nicht ausgeschlossen wird dagegen durch die genannte Einschränkung die Möglichkeit, die nach § 54 Abs. 1 UG privilegierten Speicherungen in einer elektronischen Datenverarbeitungsanlage für Fundstellennachweise für Dritte zu nutzen, es sei denn, die Privilegierung der Speicherung erfolgte nach § 54 Abs. 1 Nr. 1 UG.
Eine weitere Einschränkung aller Tatbestände des § 54 Abs. 1 UG besteht darin, daß zugunsten eines Berechtigten nur „einzelne" Vervielfältigungsstücke hergestellt werden dürfen. Diese Begrenzung ist mit der (im einzelnen allerdings unterschiedlichen) herrschenden Meinung im Gegensatz zu Bruhn streng zu handhaben, auch wenn für die Vervielfältigungen nach § 54 Abs. 2 UG Fällen gewerblicher Nutzung eine Vergütung zu zahlen ist. Dieser Ausgangspunkt erlaubt gleichwohl die Berücksichtigung, daß die mit der Speicherung in der elektronischen Datenverarbeitungsanlage vorgenommenen Vervielfältigungen nur einer herkömmlichen Vervielfältigung entsprechen, weil sie nur ein nutzbares Vervielfältigungsstück herstellen. Bei der späteren Nutzung durch Ausdrucke sowie bei der Herstellung von Rückvergrößerungen beim Mikrofilmarchiv ist zwar damit zu rechnen, daß im Einzelfall im Laufe der Zeit von einem Dokument mehr als „einzelne" Vervielfältigungsstücke hergestellt werden. Die Begrenzung des § 54 Abs. 1 Nr. 1 UG gilt aber für diesen Fall nicht, sondern betrifft nur gleichzeitig hergestellte Vervielfältigungsstücke.

Von den Tatbeständen des § 54 Abs. 1 UG kommen für die Dokumentation die Nrn. 1, 2 und 4 a in Betracht. Nr. 4 a kann aber praktisch – wie die sonstigen Ausnahmetatbestände – nicht alle Vervielfältigungen im Rahmen eines Dokumentensystems rechtfertigen. § 54 Abs. 1 Nr. 1 UG läßt die Dokumentation zu wissenschaftlichen Zwecken zu, erlaubt aber nicht gleichzeitig den Fundstellennachweis an Dritte. Ist ein solcher Nachweis vorgesehen, kann sich die Erlaubnis aus § 54 Abs. 1 Nr. 2 UG ergeben. Das Gleiche gilt in allen Fällen der Dokumentation zu nichtwissenschaftlichen Zwecken.

§ 54 Abs. 1 Nr. 2 UG läßt die Speicherung nur zu, wenn der Berechtigte Eigentümer eines Exemplars des Originalwerks ist, auch wenn für die Speicherung eine Vergütung nach § 54 Abs. 2 UG zu zahlen ist. Im Gegensatz zum Wortlaut der Bestimmung ist nicht erforderlich, daß das eigene Werkexemplar als Vorlage für die Vervielfältigung genommen wird. Dies ist insbesondere dann von Bedeutung, wenn mehrere Berechtigte dezentrale Mikrofilmarchive zentral herstellen lassen, etwa um die durch eine elektronische Datenbank nachweisbaren Quellentexte verfügbar zu haben.

Nach der hier vertretenen Auffassung zu § 54 Abs. 1 UG ergibt sich folgende Beurteilung der einzelnen Datenbankkonstellationen:

(1) Elektronische Speicherung von geschützten Texten mit interner und externer Ausgabe:
unzulässig

(2) Elektronische Speicherung mit lediglich interner Ausgabe:
zulässig nach § 54 Abs. 1 Nr. 1 oder Nrn. 2 und 4 a UG

(3) Elektronische Speicherung zum Textnachweis ohne Ausgabe der Texte selbst:
intern zulässig nach § 54 Abs. 1 Nr. 1 oder Nrn. 2 und 4 a UG, extern zulässig nur nach Nrn. 2 und 4 a

(4) Elektronische Speicherung mit interner Ausgabe der Texte und externem Textnachweis:
zulässig nur nach § 54 Abs. 1 Nrn. 2 und 4 a UG

(5) Elektronische Speicherung lediglich zum Textnachweis, zentrale Mikrofilmspeicherung mit interner und externer Ausgabe:
unzulässig

(6) Elektronische Speicherung zum Textnachweis, zentrale Mikrofilmspeicherung lediglich zur internen Ausgabe:
zulässig nach § 54 Abs. 1 Nr. 1 oder Nrn. 2 und 4 a UG

(7) Elektronische Speicherung zum Textnachweis, dezentrale Mikrofilmspeicherung zur Textausgabe für die Inhaber der dezentralen Archive:
zulässig nur nach § 54 Abs. 1 Nr. 2 und 4 a UG

Die hier vertretene Auffassung hat insbesondere den Vorzug, die Verwertung von Texten zur elektronischen Inhaltserschließung zuzulassen und so den Einsatz der wichtigsten technischen Errungenschaften zur Bewältigung der Informationsflut unabhängig von den mit einem Zustimmungserfordernis verbundenen Schwierigkeiten zu ermöglichen. Der strikte Ausschluß der Zurverfügungstellung an externe Benutzer schließt gleichwohl aus, daß die Zulassung der Speicherung eine Flut von Vervielfältigungen nach sich zieht, an denen die Urheber wirtschaftlich nicht beteiligt sind. Die Speicherung in einer elektronischen Datenverarbeitungsanlage zu Inhaltserschließung und externem Fundstellennachweis beeinträchtigt die Interessen der Urheber nicht, sondern führt die Benutzer großenteils erst an Werke heran, die ihnen sonst unbekannt geblieben wären, so daß eine (konventionelle) Werknutzung erst über das Nachweissystem ermöglicht wird, das insoweit gerade auch im Interesse des Urhebers liegt. Bei interner Nutzung sowie bei der Koppelung eines zentralen elektronischen Dokumentensystems mit dezentralen Mikrofilmdatenbanken ist nach der hier vertretenen Ansicht auch die Herstellung von Kopien gespeicherter Werke erlaubt. Dieses Ergebnis steht im Einklang mit der Beurteilung der sonstigen Herstellung von Kopien im internen Bereich. Die Rechtslage auf diesem Gebiet ist allerdings unbefriedigend. Was aber dort als Grund für eine gesetzliche Neuregelung angesehen wird[377], läßt sich auch im Fall von elektronischer und Mikrofilmdokumentation nicht durch Auslegung korrigieren.

377 Vgl. z. B. *Katzenberger* in GRUR 1973 S. 629 ff. und 648; *Reichel*, Börsenblatt – Frankfurter Ausgabe – 1972 S. 2 ff. und 1973 S. 2093 ff.

FSC
www.fsc.org
MIX
Papier | Fördert gute Waldnutzung
FSC® C083411

Kolibri 360 GmbH
Ferdinand-Jühlke-Straße 7
99095 Erfurt, Deutschland
produktsicherheit@kolibri360.de